**Elfi Hartenstein / Annette Hülsenbeck**

# Marieluise Fleißer
## *Leben im Spagat*

**Eine biografische und literarische Collage
mit Texten, Bildern und Fotografien von Marieluise Fleißer,
Bertolt Brecht, Therese Giehse, Lion Feuchtwanger,
Rainer Werner Fassbinder, Franz Xaver Kroetz u.a.**

**edition ebersbach**

# Inhalt

**Einführung** 6 Leben im Spagat – Schreiben unter die Haut

**Kindheit** 18 »… das Leben ist nicht mütterlich«

**Die jungen Mädchen** 32 »Einen Fetzen muss man aus euch machen«

**Patriarchalische Schutzmacht** 50 »Jenes vornehme Recht,
mich von ihm verwunden zu lassen«

**Moderne Frau** 70 »… bist du denn so, dass du nichts kannst
als bei kalten Menschen wohnen?«

**Um-Stellung** 98 »Zwischen zwei Menschen, die zusammenbleiben
wird immer ein Bruch sein, der nie aufgeht«

**Im eigenen Netz** 120 »Ein Elefant lag auf mir und bannte mich fest«

**Pionierin Rediviva** 138 »Ich finde es schön, dass durch die Jungen
plötzlich noch ein Sinn ins Leben kommt«

Anmerkungen 155
159 Lebensdaten
Literatur 161
163 Bildnachweis
Dank 164

Marieluise Fleißer, Mitte der 20er Jahre

# Einführung

## Leben im Spagat – Schreiben unter die Haut

»Möglichkeit und Unmöglichkeit liegen bei Ihnen sehr nahe zusammen.«[1] Und doch so weit auseinander, dass es die Fleißer in ihrem Schreiben und Leben fast zerreißt.

Marieluise Fleißer wird Anfang des 20. Jahrhunderts in der bayerischen Provinzstadt Ingolstadt geboren, in den Zwanziger Jahren hat sie auf den Bühnen der Großstadt Erfolg mit ihren Theaterstücken, die in der Provinz spielen.

»Honorige« Vertreter ihrer Heimatstadt drohten, sie bei ihrer Rückkehr totzuschlagen. Literatur scheint gefährlich, die Autorin gefährdet. Die Fleißer wehrt sich mit dem Hinweis auf moderne Zeiten. »Mädchen genießen heute größere Freiheit. Wir leben nicht mehr im Zeitalter der Hexenprozesse«.[2]

Es braucht Mut zu schreiben, wie es ist, Mut, sich für ein Leben als Schriftstellerin zu entscheiden, besonders wenn man aus der Provinz kommt, wo die normale weibliche Biographie ganz anders aussieht.

Ihre Theaterstücke entstehen im Spannungsfeld ihrer Erfahrungen mit den Zwängen einer katholischen Klostererziehung und ihres Lebens in der schriftstellerischen (Männer-) Bohème in der Großstadt München. Sie kann so einen neuen Ton finden – der Zwiespalt zwischen der Moderne und dem Mittelalter scheint in ihrer Sprache, in ihren Themen auf.

Die »Vatertochter« Luise Marie Fleißer fällt in der Schule bei den Gnadenthalschwestern durch ungewöhnliche Phantasie auf. Sie wird gefördert, kann Abitur machen. Ihre privilegierte Bildungschance ist doppelbödig mit der Einübung der Unfreiheit des Denkens gekoppelt. Schon die Lektüre der Kleist'schen *Marquise von O.* kann zum Schulverweis führen – eine Lektüre, in der der gewalttätige Mann für die Frau Engel und Teufel gleichermaßen ist und es trotzdem ein Happy End gibt.

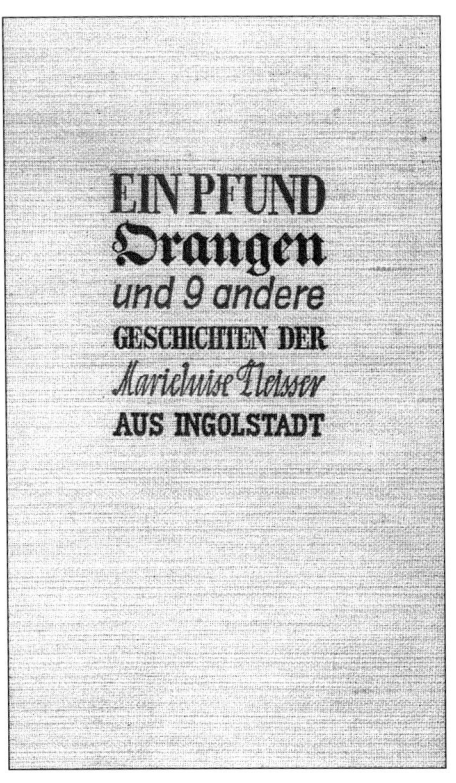

*»Was, glauben Sie, erwartet das Publikum von Ihnen?«*

*Ich schreibe für den jungen Menschen und für solche, die mit Leidenschaft jung waren. Noch ohne jedes Hilfsmittel der ihm innewohnenden Weltangst und Lebensgier ausgesetzt, muß der junge Mensch erst den Boden finden, auf dem er stehen kann. ... Ich glaube, daß er als Stoff am stärksten die rein menschlichen Erlebnisse begehrt, zu denen er nichts weiter mitbringt, als den Leib, der er ist mit seinen Ängsten und Trieben ... Er will alle die Situationen sehen, in denen er selber gestanden ist oder stehen wird, nun aber zur Größe verdichtet, indem jeder der in der Szene aufeinanderprallenden Charaktere gleich recht hat und gleich ernst zu nehmen ist, weil er mit dem gleichen Ernst immer tiefer einsteigt in sein Wesen, immer inständiger einwächst in das Körpergefühl, das seinem Leib vorbestimmt ist, um an ihm die Welt zu erkennen ... Er will das Wort wieder von einer naiven Unberührtheit und so einmalig und bestimmt aus einem tiefen Lebensgefühl hervorbrechend, daß jeder Satz, für sich einzeln gestellt, nach vorausgehendem Schweigen, wie man ihn etwa auf der Straße unvermittelt an einem Vorübergehenden hört, einem auffallen und ihn lange Zeit nicht mehr loslassen müßte.*

Marieluise Fleißer in Beantwortung einer Umfrage des Berliner Börsen-Couriers, Dezember 1925

Für ihren Weg in die Großstadt, für ihre berufliche Entscheidung nimmt Marieluise von ihrem geliebten Vater ein doppeltes Erbe mit: seine Liebe zum Theater, seine Affinität zur Bohème, zu den Außenseitern, wie auch seinen Wunsch nach einer soliden weiblichen Lebensperspektive für die Tochter. Er finanziert ihr Studium, damit sie Mittelschullehrerin werden kann.

Faszinierende Außenseiter überwältigen Marieluise, ziehen sie in ihren Bann. In München, 1920, wird ihr erster Freund der sieben Jahre ältere Alexander Weicker, ein Robin Hood und Stadtindianer, der schreiben kann: expressionistisch, mystisch, mit Pathos; im alltäglichen Leben macht er vor, wie die Grenzen des bürgerlichen Lebens überschritten werden.

In ihrer Liebesbeziehung ist er seltsam zwiespältig: gewalttätig, feinfühlig. In seinem Roman ›Fetzen‹ unterstreicht Marieluise den Satz: »Der Mann ist ein gefährliches Prinzip«.[3]

Sie selbst schreibt auch. Als Weicker 1922 nach Paris »flüchtet«, sie allein lässt, trifft sie auf Lion Feuchtwanger, 17 Jahre älter, eine literarische Autorität, der sie mit dem modernen Schreiben konfrontiert: Neue Sachlichkeit statt Expressionismus. Feuchtwanger vermittelt ihr die Bekanntschaft mit Bertolt Brecht, von dessen Literatur sie schon überwältigt war. Der Mann Bert Brecht wird ihr zur Sonne, zur großen Liebe. Brecht ein Menschenfänger, ein Dompteur.

Liebe und Erfolg gehen in der Paarung Brecht – Fleißer nicht zusammen, Brecht heiratet 1929 Helene Weigel, Fleißer steht mit dem Skandal um die Inszenierung ihres Stückes *Pioniere in Ingolstadt* allein da – die Wunden ihrer Trennung von Brecht verheilen ihr ganzes Leben schlecht.

Die außergewöhnlichen Schriftsteller bleiben für die Fleißerin attraktiv. Ihr nächster Mann wird Hellmuth Draws-Tychsen, ein Ethnologe und Übersetzer mit dem Flair von Siam und Hawaii, exzentrisch in Aussehen und Habitus. Mit ihm kann sie die Grenzen der bayerischen Heimat überschreiten, nach Schweden, Frankreich, Spanien, Andorra fahren.

*»Kräftig war er und behend, er spielte Fußball und schrieb. Er hatte Augen von einem hochherzigen Räuber.«*

*»Ich bin ein Raubtier und benehme mich auf dem Theater wie im Dschungel.«*

Bertolt Brecht, 20 Jahre alt

*Marieluise Fleißer: Der verschollene Verbrecher X, 1927*

»*Das war aber hart, kein Bürger zu sein. Es wurde nachgerade unmenschlich.*«

*Die Menschen müssen wieder ausschwingen nebeneinander. Erst die Zugehörigkeit gibt den Liebesbeziehungen eine ausgleichende Schwerkraft zurück. Man muß sich wieder einen suchen, bei dem man bleiben kann. Bei der Auswahl wird sich für uns arbeitende Frauen eine Hauptschwierigkeit ergeben: Bei den einen geht es einem gut, aber man geht im Liebeswillen nicht bis ins Letzte mit; bei den anderen ist es im Täglichen nur sehr schwer auszuhalten, aber sie bedeuten einen Auftrieb.*

*Hier werden sich die Geister scheiden; es kommt nun darauf an, welchen Typ man letzten Endes aus sich machen will, die große Dame, die sicher in diese reale Welt und auf sich selbst gestellt ist, oder die große Liebende, die ihre Abgründe im Erlebnis will, selbst wenn es dabei nicht ohne Fetzen abgeht. Man kann dafür mit gutem Namen sagen Carola Neher oder Marieluise Fleißer …*

*Wenn man es überhaupt beisammen aushalten soll, muß man sich immer wieder gehörig zusammenreißen und einander sozusagen die Sterne vom Himmel herunterholen können.*

Marieluise Fleißer und Alexander
Weicker, ca. 1921

Ihre Texte, die sie während ihrer Zeit mit Draws schreibt, spiegeln den Blick einer jungen Frau, die sich nicht einfangen und domestizieren lässt, die ironisch Distanz gewinnt im Schreiben. Aber einer wie Draws kann Marieluise nicht auf Dauer halten, er ist nicht erfolgreich, kann nicht sich selbst, geschweige denn sie beide ernähren.

In ihren Liebesbeziehungen war Fleißer auf der Suche nach dem Unbedingten, nach dem Überwältigtwerden durch eine höhere Macht. Sie sucht die Vitalität eines anderen, um sich daran reiben, um sich selbst spüren zu können, sie sucht durch das Genie Anregung und Förderung für ihr Schreiben. Marieluise Fleißer braucht für sich die Verbündung mit mächtigen anderen, allein fällt es ihr schwer, die Grenzen bürgerlicher Lebensvorstellung zu überschreiten.

Das Leben scheint ihr undurchdringlich wie ein Dschungel, unverständlich, ihr fehlen passende Verhaltensstrategien für das Überleben.

Nur die Männer haben – so die Fleißer – die Kraft, die Witterung dafür. Für sie selbst ist das Konfliktpotential, das Konträre zwischen Bürgern und Künstlern in ihrer Erfahrung als weibliche Schriftstellerin nicht in Balance zu halten.

Im aufkommenden Nationalsozialismus der Dreißiger Jahre wird die Luft für alle Außenseiter dünner, Marieluise Fleißer schlägt sich auf die Seite der Bürger, sie heiratet 1935 ihren Ingolstädter Jugendfreund Bepp Haindl. Sein Dschungel, den er beherrscht, ist die Natur und sein Geschäft; er ist sportlich, ehrgeizig, aber ihm fehlt die Unruhe, ganz oben sein zu wollen, er ist kein Weltmeister, kein Nurmi. Haindl, der Schwimmer und Rotter, ist gut als Schutz in brauner Zeit, doppelgesichtig, wie Draws, ist auch er: kameradschaftlich, selbstlos und gleichzeitig ein Pascha im Haus. Die Ehe ist durch immer wiederkehrende Trennungsabsichten geprägt, die Fleißer hin und hergerissen zwischen Gehen und Bleiben.

*Marieluise Fleißer: Die Ziege, 1926/72*

*Eine falsche Erziehung hing ihr wohl nach. Sie war in Verhältnisse geschleudert worden, mit denen sie nicht umzugehen verstand. Sie hatte es noch nicht gelernt, sich zu wehren. Sie vermochte noch nicht, aus sich herauszustellen, was drinnen war, die Lippe war ihr nicht gelöst. Vor lauter Angst, dass sie es nicht richtig machen könnte, war sie ein wenig fahrig. Sie hatte ja eine Scheu vor dem eigenen hörbaren Atem in sich entwickelt. Um so mehr fiel er anderen auf, und alles wirkte an ihr wie ein unbedachtes intimes Wesen. Wie die anderen hätte sie es versuchen müssen, dem lieben Nächsten auf den Kopf zu steigen. Stattdessen versah sie sich daran. Das ließ ihn seine Macht erkennen. So ahnungslos war sie im Dschungel. Sie dachte die Wahrheit wie ein Kind.*

*Da tauchte einer auf und kratzte mit den Augen an ihr herum wie mit Bimsstein … An diesem merkte sie mit einem harten Stoff, wie fremd er ihr war, und sie wollte es ändern. Machte er es mit dem Gang oder wie er den Hals hielt, von ihm ging was aus. Sie sah ihm momentan ins Gesicht, wie wenn da eine Gnade sein müsse.*

*Wie sollten zwei zusammenkommen, wenn sie ihn mit Herr und einem Namen anreden musste. Sie hatte kein wesentliches Auftreten, das ihren Nächsten erfasste, sie war ein wenig verhuscht. Von ihr ging was Auffälliges, aber keine Gewalt aus.*

*Aber sie kamen zusammen. Da musste doch was nicht stimmen, wenn es gar so leicht ging. Sie wurde hellsichtig an ihm. Auf einmal lächelte sie in den Wind und hatte das Empfinden, als ob sie das Gras wachsen hörte. Wenn ich das einmal weiß, dachte sie, bin ich ganz.*

*Sie war niemals ganz.*

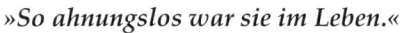

*»So ahnungslos war sie im Leben.«*

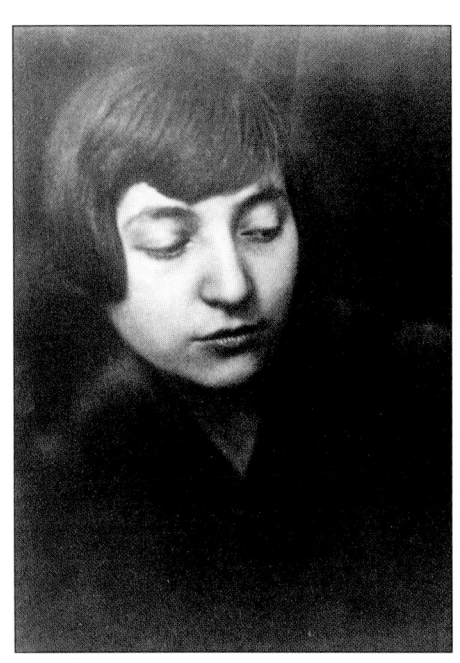

Marieluise Fleißer, in den 20er Jahren

Statt das Leben einer starken, erfolgreich schreibenden Frau führen zu können, lebt Marieluise Fleißer-Haindl in der geistigen Enge kleinbürgerlich provinzieller Verhältnisse, bedroht durch das nationalsozialistische Regime. Sie wird zu einer Dramatikerin, deren Alltagsleben durch die tägliche Mehrfachbelastung zerstückelt ist, ständig auf der Suche nach der Zeit am Stück, ohne die keine längeren Texte entstehen können. Sie muss ihre eigene Person und die eigenen Ziele hintanstellen. Dauernd wieder aus der literarischen Arbeit herausgerissen, werden Zweifel am eigenen Können immer größer, ohne lebendigen Austausch wachsen die Blockaden im Kopf ...

Die Gesellschaft wie die Literaturkritik tun sich auch in der neuen Bundesrepublik schwer mit der biographischen Gleichzeitigkeit von Hausfrauenexistenz in der Provinz und avantgardistischer Schriftstellerin. Den Bürgern ist die Künstlerin suspekt, den Literaten scheint die Hausfrau fehl am Platz.

Marieluise Fleißer lebt in einem permanenten Spagat.

Und immer wenn die Spanne zu weit wurde, zereißt es sie im wörtlichen Sinn:

1929 nach dem Theaterskandal, nach der Verlorenheit neben Brecht, erkrankt sie an Nervenfieber.

1932 versucht sie sich das Leben zu nehmen, in Panik neben Draws und dem mit ihm für sie unmöglichen Leben.

1938 im Ehegefängnis, in der bedrohlichen Situation des Faschismus, kommt sie in eine Nervenklinik – Diagnose: Schizophrenie; 1939 lösen ein Wiedersehen mit Draws, 1943 im Kriegseinsatz die äußere Gefahr, neue schwere Nervenstörungen aus.

Nach dem Krieg fühlt Fleißer sich vergessen, nicht auf der Höhe der Zeit, des literarisch modernen Schaffens. Dagegen helfen auch Literaturpreise nicht, auch nicht die Einladung als Ehrengast 1966 in die Villa Massimo in Rom.

Marieluise Fleißer, 1972

»Wer wollte, konnte studieren, wie eine Dichterin aussieht, wie nicht. Eine Ingolstädter Hausfrau, darum handelt es sich, die Sechzig überschritten, graue Haare, eine Brille, keine Prätention, dafür die Würde derjenigen, die nur selten siegen ... diese Prosa, die ganz ohne Vergleich ist im heutigen Deutschland, kommt vom bayerischen Duktus, doch löst sie sich dann von ihrer Herkunft, erreicht schärfste Nuancierung im groben Gewebe, faßt in der Knappheit den dunkelsten Grund, ist naiv und dämonisch, besteht auf dieser Verwandtschaft; die Sprachmelodie, die daraus entsteht, wird zur Obsession.«

Barbara Bondy, Süddeutsche Zeitung, 13.6.1984

Ingolstadt, Kupferstraße, 1971

Brief an den Vater vom
28.4.1926

In ihrer Biographie schweigt sie sich über positive Erfahrungen – privater oder professioneller Natur – aus. Sie nimmt primär die dunklen Seiten ihres Lebens in den Blick.

Attraktiv bleiben für sie die Künstler, die Grenzüberschreiter und Himmelstürmer, in deren Schicksalen das Leben lebendig spürbar wird. Und weil sie ihnen im eigenen Leben oft verlustig geht, schafft sich die Fleißer papierene Männer; sie porträtiert den Bergsteiger, das Malgenie, den verrückten König und den schreibenden Verbrecher. So schafft sie Sehnsuchtsbilder von Entgrenzungen, von Höhen gegen ihr eigenes Lebensgefühl, das sie nach 1935 hauptsächlich gefasst sieht in Bilder von Gefängnis, Grube, Höllenkreis…

Eine Spur Lebenselexier werden ihr die ›späten Söhne‹, Martin Sperr, Rainer Werner Fassbinder und Franz Xaver Kroetz, die Schriftsteller/Filmemacher, die sich auf sie als Vorgängerin berufen. Ihrem Herzen nahe steht ihr Neffe Klaus Gültig – der Sohn ihrer Schwester Ella – mit dem sie die Theaterleidenschaft teilt, der ihr Nachlassverwalter werden wird.

Durch die im Schreiben gewonnene Distanz hat sie – so schreibt sie selbst – ihr Einssein mit der Natur, mit der Selbstverständlichkeit des Lebens verloren.

Fleißer beklagt – im Wunsch nach dem großen Ganzen – ihr zertrümmertes Schreiben als Resultat ihres verkümmerten Lebens.

Sie schreibt über die Spannweite möglicher Lebenszusammenhänge, schreibt über die seelischen Wunden des Ausgegrenztseins. Ihr Leben geht nicht ohne Rest in der Moderne auf, nur im Text findet sie einen Ort für ihro Soolo.

Fleißer hat keine ganz festen Grenzen – wie sie auch keinen festen Lebensplan hat. Einen Lebensplan haben, eine Identität »haben« ist das Ziel bürgerlich-männlicher Biographie, eine Identität, die sich im Pro

*»Männer kommen viel eher an die Schicksale heran.«*
Brief an Hetzelein, 4.2.1948

*»Sie ist sehr lebensuntüchtig und gleichzeitig unglaublich stark.«*
Erich Kuby über die Fleißer

*»wenn einer ein schicksal hat, dann ist es mann. wenn einer ein schicksal bekommt, dann ist es eine Frau.«*
Elfriede Jelinek

15

Kultusminister Hans Maier verleiht
Marieluise Fleißer den Bayerischen
Verdienstorden, 1973

*Bei der Fleißer können wir nachlesen, daß wir eine gefährliche Stel-
le bewohnen, nämlich ... ein ›Zwischenland‹, einen langsam sich öff-
nenden Riß zwischen der alten, uns bekannten und einer neuen Welt.
In ihrem Werk, nicht im Leben, hat die Fleißer den Spagat geschafft.
Da hockt sie rittlings über dem Abgrund, da ist sie großartig und
gräßlich zugleich, eine Figur aus dem Mittelalter und eine junge Frau
von heute. Ja, sie, die über dem Abgrund thronende Sphinx ist ›schon
so eine Person, die auf empfindsame Zusammenhänge‹ ausgeht. Ihre
Stücke und Geschichten beschreiben mit präziser Unheimlichkeit den
Notstand unserer Zwischenzeit.*

Thomas Hürlimann

zess des Sich-Abgrenzens herausbildet. Das kann die Fleißer nicht. Sie hat im Spagat vieles miteinander ausgehalten, nicht ins Lot gebracht, das ist die Gradlinigkeit, die sie gefunden hat.

Ihr literarisches Werk wurde immer weitaus stärker von ihren privaten Lebensverstrickungen her interpretiert als durch die Analyse ihrer Texte – die Frau als lesbarer (Lebens)Text.

In ihrer Sprache aber gelingt ihr Unvereinbares zusammenzuschmelzen, sprachlich Abgründe aufzureißen, in einem Satz Unvergleichbares zusammenprallen zu lassen. So gehen Sätze nicht in einer Lesart auf – eröffnen Zwischenräume.

Was bleibt, ist die Formulierung der Abgründe, die Kraft, die es kostet, sehend auszuhalten.

*»Das Kunstwerk befremdet, weil es ins Zentrums unseres Heimwehs trifft, uns spüren läßt, was wir uns und einander schuldig bleiben. Es wird ›als ob‹ gesprochen, denn es ist deutlich, daß Kunst nicht Realität abbildet, sondern sichtbar macht.«*

Adolf Muschg

Die Abiturientin Marieluise Fleißer, 1920

## Kindheit

### oder: »... das Leben ist nicht mütterlich«

Als Luise Marie Fleißer am 23. November 1901 als zweite Tochter von Anna und Heinrich Fleißer zur Welt kommt, wurde eigentlich ein Ersatz für den im Jahr zuvor verstorbenen Heinrich, dem Zwillingsbruder von Luises drei Jahre älterer Schwester Anny, erwartet.

Der intensive Elternwunsch nach einem Sohn hat Nachwirkungen. Das Mädchen Luise wächst rollenuntypisch auf. Insbesondere ihre intellektuelle Entwicklung wird von den Eltern gefördert – auch über den Zeitpunkt hinaus, da sich dann, 1907, tatsächlich ein Sohn einstellt, der wieder nach dem Vater Heinrich heißt. Später wird ihr sogar ein Universitätsstudium ermöglicht, den jüngeren Schwestern Jetty und Ella bleibt dies versagt. Anny, die Älteste, wird Missionsschwester und geht nach dem Besuch eines Lehrerinnenseminars 1926 als Schwester Fidelis nach Südwestafrika. Im Kaiserreich sind die Ausbildungsmöglichkeiten für Mädchen beschränkt: Erst ab 1918 öffnen sich in Deutschland die Universitäten für Frauen, aber noch lange gibt es nicht in allen Städten Gymnasien, an denen Mädchen das Abitur ablegen und damit die Zulassungsbedingung zu einem Studium erfüllen können. Weil dies auch in Ingolstadt bis in die Zwanziger Jahre hinein nicht der Fall war, musste Luise auswärts in einer Internatsschule untergebracht werden. Diese Entscheidung, die der Familie beträchtliche finanzielle Opfer abverlangte, war außergewöhnlich weitsichtig, weil sie zu einem Zeitpunkt gefällt wurde, als noch gar nicht feststand, ob die Tochter überhaupt in Deutschland würde studieren können. Gegenüber den Schwestern – Bruder Heiner konnte das Ingolstädter Knabengymnasium besuchen – war dies eine ganz offensichtliche Bevorzugung. Dass die ›Luis‹ als Schülerin nicht im Haushalt mithelfen musste, wissen wir von der acht Jahre jüngeren Schwester Ella. Auch sie hätte gern Abitur gemacht, die Eltern konnten es sich aber nicht leisten, auch sie noch ins Internat zu schicken, weil

Das Hochzeitsfoto der Eltern

*»Sei still, ich mach Dir wieder einen Buben.«*

Heinrich Fleißer, der seine Frau über den Tod ihres Sohnes hinwegtröstet

Marieluise (links) und Schwester Anny, ca. 1903

Die Großeltern Andreas und Henriette, undatiert

*Mein Urgroßvater Peter Fleißer, der sich vor hundertdreißig Jahren ein Familienwappen anfertigen ließ, war Gemeindebevollmächtigter in Weiden und zog dort ein Liebhabertheater auf, in dem er selber gern mitspielte. Das Familienwappen läßt auf einen gewissen Stolz schließen, eine andere hervorstechende Eigenschaft war sein Jähzorn, verbunden mit Durchsetzungskraft ...*

*Mein Großvater Andreas Fleißer ... war nacheinander mit drei Frauen verheiratet, die er in einem ziemlich autoritären Abstand hielt. Mein Vater mußte bis an sein Lebensende Sie zu ihm sagen und hat sich immer über eine gewisse Verschlossenheit ihm gegenüber beklagt. In Gesellschaft war er andererseits ein besonders anschaulicher und lebendiger Erzähler, ja, er hatte eine bestechende Gabe, zu reden, mein Vater hat es stets bedauert, daß weder er selber noch seine Kinder sich dritten Personen gegenüber mit dieser Prägnanz auszudrücken verstanden.*

*Als Handwerksbursche hat der Großvater in jungen Jahren ganz Deutschland durchwandert und sich dann in Ingolstadt niedergelassen, wo er es schon bald zu einem Haus brachte ... in seiner Werkstatt wurde damals mit achtzehn Gesellen gearbeitet. Trotzdem saß ihm der Geldbeutel nicht locker ... Mein Vater hat es ihm noch mit fünfzig Jahren bitter vermerkt, daß er nicht als Fünfundzwanzigjähriger von ihm das gar nicht einmal große Kapital bekam, um in Ingolstadt die Zeitung zu kaufen, obwohl es ihm ein Leichtes gewesen wäre, den Betrag zu geben; die Zeitung war meinem Vater angeboten, er hatte acht Tage Zeit, es sich zu überlegen, und hätte sie gar zu gerne gemacht ...*

Luises Studium in München so teuer war.[1] Die Fleißers waren zwar als alteingesessene Handwerkerfamilie relativ wohlsituiert, aber in der auf den Ersten Weltkrieg folgenden Inflationszeit gelangten sie mit zwei zu finanzierenden Universitätsstudien an die Grenzen ihrer Belastbarkeit.

Über die Mutter, Anna Fleißer (1874-1918), geb. Schmidt, erfahren wir wenig. Auch in den Erzählungen, in denen Marieluise – so der Vorname, den sie später auf Anregung Lion Feuchtwangers hin annimmt – ihre Kinderzeit schildert, ist ihr Blick fast ausschließlich auf den Vater gerichtet. Der ist Werkzeugschmied und Eisenwarenhändler, ein geachteter Mann. Die Tochter beschreibt ihn rückblickend als eine im Grunde »beschauliche Natur«. Anders als der tatkräftige Großvater, der sich nach seiner Wanderschaft als Handwerksgeselle in Ingolstadt niedergelassen und es bereits nach kurzer Zeit zu wirtschaftlichem Erfolg gebracht hatte, ist der Vater eher künstlerisch-philosophisch veranlagt. In jungen Jahren schwärmte er für Oscar Wilde und dessen Salome. Er hätte es lieber vermieden, als einziger Sohn beruflich in die Fußstapfen seines Vaters treten zu müssen. Kurze Zeit spielt er sogar mit dem Gedanken, die Ingolstädter Zeitung zu übernehmen, doch der Vater verweigerte ihm das dazu nötige Kapital. Damit war ein Schlussstrich unter Heinrichs hochfliegende Pläne gezogen, der sich dann seinem Schicksal beugte und die Nachfolge des Vaters antrat.

Das Haus der Familie Fleißer in der Kupferstraße liegt im Zentrum der Stadt. Unten sind Laden und Werkstatt, in den oberen Etagen Wohn- und Schlafräume.

Die Kinder wachsen auf in der Gewissheit einer bestimmten Sicherheit, die die gesellschaftliche Position der Eltern garantiert. Luise ist ein fantasievolles Kind, das aus der Schule gute Noten nach Hause bringt und viel liest.

Sehr früh schon entdeckt sie, dass es mit dem Theater etwas ganz Besonderes auf sich hat. Sie verkleidet sich gern und nutzt einen zwei

*»Damals war er ein schmucker junger Mann in seinem Radfahrerkostüm, wie noch alte Fotos zeigen, er fuhr eines der ersten und damals noch sehr teuren Fahrräder in Ingolstadt, ein Hochrad, worüber es mit seinem Vater zu einem fürchterlichen Streit kam … Nachdem er seinen Vater beerbt hatte, wurde er ein leidenschaftlicher Münchenfahrer und war in München überall dort anzutreffen, wo es einen guten Wein gab; ich war als junges Mädchen mehr wie einmal dabei, wenn er bei vorgerückter Stunde der Blumenfrau ihren ganzen Korb abkaufte und ihn an alle anwesenden Damen verteilte.«*

Marieluise Fleißer über ihren Vater

Der Vater in Pose vor gemaltem Hintergrund

*»Ich habe schon als Kind häufig Puppentheater nach Märchen ohne jede Vorbereitung und aus dem Stegreif gespielt. Ich habe dafür gegen einen Pfennig Eintritt die Kinder aus der Kupferstraße eingeladen und hatte immer soviel Kinder bei meinen Vorstellungen, daß ich sie kaum auf den Stühlen unterbringen konnte.«*

Elternhaus mit Werkstatt in der Kupferstraße

Marieluise als Page verkleidet, ca. 1907

*Marieluise Fleißer: Kinderland, 1950*

*Wenn mein Vater, der ein Geschmeidemacher war, seinem Handwerk nachging, blieben die Schulkinder gern vor der Werkstatt stehn. Sie schauten durchs Fenster zu, wie der Lehrbub unter der uralten gewölbten Esse das offene Feuer entfachte … Dann sahen sie meinen Vater mit dem langen Lederschurz wie einen König dastehn und dem heißgehitzten Eisen zwischen Hammer und Amboß den Gehorsam aufzwingen. Geschmiedet wurde an einem Stück meistens zu zweit, von rechts schlug mein Vater drauf, von links der Gehilfe im Takt, dessen Läuten man bis zum Dach hinauf hörte.*

Räume trennenden Vorhang als Bühne für ein eigenes Puppentheater [2]. Doch insbesondere das »richtige« Theater mit allem, was dazugehört, fasziniert sie.

Die über Sechzigjährige schildert in ihrer Erzählung *Der Venusberg*, wie sie als fünfjähriges Mädchen an der Hand der Großmutter an einem Sonntagnachmittag zum ersten Mal auf das Theater aufmerksam geworden war. »Das rätselhafte Wort ging mir seltsam ein, und seit es in meinen Kopf fiel, hat es mich nie ganz verlassen und machte Tumult und nahm mir die Ruhe weg … Im Theater konnte es brennen, totgetrampelt konnte man werden; trotzdem zog es die Leute in diese Falle hinein.« Das Theater – diese »Falle« –, dessen Magie sie bis ans Ende ihres Lebens begleitet …

Fasziniert beobachtet das Kind, wie die Eltern sich verändern, wenn sie sich für einen Theaterbesuch rüsten: wie der Vater schon daheim »ein anderer Mann« wird, wenn er mit der »geheimnisvollen Schnurrbartbinde« herumläuft, sich »wie die Römer« Parfum ins Taschentuch tropft und plötzlich Brillanten an seiner »Schmiedehand« trägt; und die »Mutter [wirft] sich ins Prachtgewand und einen merkwürdigen Umhang mit Keulenachseln«.

Ein Schauspieler am Ingolstädter Theater, den die Fünfzehnjährige in den Ferien auf der Bühne sieht, weckt erste schwärmerische Gefühle in ihr. Aber es wird keine Geschichte daraus, denn der Vater erstickt jeden Ansatz dazu im Keim.

Und die Tochter fügt sich der väterlichen Macht.

Luise besucht von 1907 bis 1909 die Volksschule, wechselt dann über auf eine höhere Töchterschule und besteht schließlich, 1914, die Aufnahmeprüfung zum zwei Eisenbahnstunden von Ingolstadt entfernten Regensburger Mädchenrealgymnasium. Sie wohnt im Klosterinternat der Englischen Fräulein, hinter dessen Mauern sie bis zum Abitur 1920 ausharren soll. Als sie zum Schuljahresbeginn 1914 in die Internatsschule zieht, ist

*»Als Erstes schlug mir der Ernährer den Buckel voll, ich fühlte mich märtyrerhaft. Den Brief zeigte er mir nur von weitem, ich durfte das seltene Stück nicht einmal lesen. ›Was willst du?‹ fragte mein Nährvater zornig, ›wirst du ihm die Zeche zahlen oder was stellst du dir vor?‹ Er sperrte mich über zwei Stiegen ein im oberen Stock, steil sah ich vom Fenster herunter.«*

## Marieluise Fleißer: Ich ahnte den Sprengstoff nicht, 1973

Zeichnungen der Schülerin und der
Abiturientin Marieluise Fleißer

*Nicht hingehn können, wo man hingehn wollte, nicht ins Freie lau-
fen, die Stadt nicht sehn, wenn einem nach Stadt zumute war, sitzen
müssen, wenn man am liebsten nicht saß, schweigen müssen auf den
langen Gängen und Treppen, im Speisesaal schweigen, bis eine Auf-
sicht die Sprecherlaubnis gab, die Füße nicht waschen können, wenn
sie einen brannten, im Schlafsaal nicht flüstern, auch wenn man lang
nicht einschlief. Am Sonntag vom Besuch des eigens herbeigereisten
Vaters wohl wissen, ihn aber nicht sehn, weil man im Krankenzim-
mer abgeschirmt lag und obwohl da nur ein Rheumatismus war, am
folgenden Tag hinausgejagt werden auf den allgemeinen Spaziergang, so daß die Verweigerung vom Tag zuvor sich entpuppte als
wirkliche Schikane. Abhängig sein von den Stimmungen eingesperr-
ter Frauen, sich nicht aussprechen dürfen im Brief, wohl wissend, jeder Brief wird zensiert ...*

*Das Kloster war für mich eine Kaserne oder ein Gefängnis. Es gab
die Flucht nicht nach draußen, es gab nur Fluchtwege im Kopf. Daß
stille Wasser tief gründen, warf mir die Oberin vor den versammel-
ten Schülerinnen vor und rügte mich öffentlich, ich wußte nicht einmal wofür. Sie mußte wohl spüren, ein schwarzes Schaf war in mir
versteckt, auch wenn ich schwieg, gerade weil ich schwieg, so daß sie
mich zwar zu fassen suchte, aber nicht faßte.*

der erste Weltkrieg schon ausgebrochen. Die Hälfte des Schulgebäudes dient als Lazarett. „Die Mädchen dürfen im Garten nicht zu den Soldaten auf der Terrasse hinaufsehn. Die Soldaten werfen Zettel herunter."[3]

In dem strengen Heim wird die noch nicht ganz Dreizehnjährige nicht heimisch. Strikte Disziplin, peinliche Ordnung, ein traditionell katholisches Verständnis von Anstand und Moral sind die von den »steifleinenen Kragen« gesetzten Maßstäbe, die nicht hinterfragt, geschweige denn ignoriert werden dürfen. Freies Denken und individuelle Wünsche sind ebenso wie Zuneigung und Zärtlichkeit unbekannte Größen.

Die Anstalt ist ein Gedankengefängnis, in dem die Zöglinge durch Zwang – Verbote und Strafen – zu Unselbständigkeit und Selbstaufgabe gedrillt werden. Die Heranwachsenden, denen sich hier als weibliche Vorbilder zur Orientierung und Identifizierung nur die Lehrerinnen und Nonnen bieten, suchen sich „Fluchtwege im Kopf".

Luise erfindet Geschichten, die sie ihren Mitschülerinnen erzählt. Sie wiederum bekommt von einer Mitschülerin Heinrich von Kleists Novelle *Die Marquise von O…* erzählt. Als das bekannt wird, muss die Mitschülerin die Schule verlassen. Das Kloster hat keinen Platz für junge Mädchen, die sich mit Sexualität, Vergewaltigung, Schwangerschaft oder nicht-konformen Frauenrollen beschäftigen, nicht einmal dann, wenn sie diese Fragen lediglich an Beispielen aus der Literatur thematisieren. Jede eigenständige Regung muss im Keim erstickt werden; die Geschichte der *Marquise von O…* bleibt in Marieluises Gedächtnis als Keim zukünftiger Geschichten lange lebendig.

Im Jahr darauf – 1917 – liest sie „heimlich die Romane von Strindberg, wobei sie das Buch auf dem Schoß und ein Lernbuch auf dem Pult liegen hat".[4] Wohin führt sie diese Lektüre? Welche Fluchtwege eröffnen sich, welche Räume erschließen sich ihr nun?

Irgendwann in dieser Zeit des Eingesperrtseins jedenfalls entstehen Gedichte und auch ihre Geschichte *Die Entführung aus dem Harem,*

*»Damals wußte ich schon und lernte daraus für später, die Fesseln drücken nur umso ärger, je mehr man sich dagegen anstemmt. Absichtlich mußte man sie vergessen, bis das Abitur einem den Weg nach draußen sprengte.«*

## Marieluise Fleißer: Moritat vom Institutsfräulein, 1926/1969

*»… schrieb ich mir diese Geschichten herunter… Fast alle haben sie das gefährliche Abrutschen junger Menschen in einer sich auflösenden Zeit zum Thema; wenn man sie auf einen Nenner bringen will, ist es dieser: ein junger Mensch wird geworfen … Es ist wie eine Stimme, die aus einer verborgen strömenden Traurigkeit herkommt. Es sind Geschichten wie nach dem Leben.«*

*Mein Ludwig sagte: „Du mußt klug sein, dann weiß es kein Mensch.“ Ich wußte bloß, daß ich aufgewachsen bin in einem Kloster und daß alles, was ich dort gelernt habe, für mein Leben falsch ist. Ich war erzogen, daß ich gehorchte. Ich war gewöhnt, daß ich mich nicht verriet. Ich war nicht erzogen, daß ich mich wehrte …*

*Drei Tage und zwei Nächte bin ich dagelegen ohne Nahrung, ich hörte die Stunden und konnte nicht schlafen. Am dritten Abend habe ich Wasser getrunken, als es schon dunkel wurde, dann ging ich hinunter.*

*Ich mußte mich doch immer an der Hausmauer einhalten, das habe ich von der Seite her mit dem Körper verdeckt. Ein Herr hat es doch gemerkt, weil er mir länger nach ist. War ein feiner Mann und hat mir so zugeredet, daß ich das nicht wieder tue. Ich ließ mir den Hunger ankennen, da hatte ich gleich mein Essen. Ich konnte sehn, was alles geht. Der Mann war auf Durchreise hier und nahm mich in sein Hotel mit …*

*Da war ich an seiner Seite bleich von dem Schrecken und mit nichts zugedeckt als mit einem verlegenen Lächeln. Der Mann redete herüber, die ganze Zeit denkt er über was nach. Aber wenn mein Freund es mir nicht gesagt hat, dann will er mir auch nichts sagen. Ich soll nicht mehr daran denken.*

*Der Satz fiel in mich wie ein Stein. Denn wenn er nicht die Ausnahme war, dann mußte ich selber die Ausnahme sein und vom Leben der Erwachsenen nichts wissen. Das ist mir von tief innen bis in die Augen gegangen, ich konnte mich nicht rühren. Und was mir da geschah am Leib, daß ich nicht rein bin und doch von nichts was weiß und wie in eine Gasse geführt bin, wo andere nicht hingehn, das hätte mir doch mein Ludwig nicht antun dürfen.*

Luise (vorne links) in ihrer Internats-
gruppe

wahrscheinlich auch der Aufsatz *Ist Auflehnung Sünde* – Texte, die sie wenige Jahre später vernichtet, als Lion Feuchtwanger ihre ersten Schreibversuche als expressionistisch bezeichnet und erklärt, die Zeiten expressionistischen Schreibens seien vorbei: »Und weil ich ihm glaubte, habe ich alles verbrannt.«

Die Erfahrung des Zwiespalts zwischen dem gelebten und dem möglichen Leben, zwischen äußerem Zwang und innerer Freiheit der Phantasie bilden für ihr Schreiben ein bleibendes Spannungsfeld. Ihre Erfahrungen im Internat bringen sie immer wieder dazu, sich mit Außenseitern und gescheiterten Existenzen zu beschäftigen. Ihre frü-

*»Wer mit dem Stock erzieht, verwandelt den physischen Widerstand des Kindes in Ironie. Deshalb haben wir den Klöstern die köstlichste Frucht des menschlichen Geistes zu danken.«*
Alexander Weicker

27

*»Das Leben ist nicht mütterlich, das Leben ist mit Widrigkeiten gespickt, wohin man sich auch wendet.«*

Brief an Klaus Gültig vom 4.5.1964

Kurz nach dem Tod der Mutter, 1918

Marieluise Fleißer (2. von links) und ihre
Abiturklasse, 1920

hen Texte handeln vor allem von der Unsicherheit und mangelnden Ver-
ortung junger Menschen, denen Orientierungslosigkeit und Unwissen
die Suche nach dem eigenen Platz erschweren.

Die Ferienwochen zu Hause bilden ein Gegengewicht gegen die im
Internat erfahrene Isolation und Einsamkeit. Noch kann sie Zuflucht suchen im Familienkreis, sich angenommen und geliebt fühlen. Als Luise
im Herbst 1918 mit Lungenentzündung und Gehirnhautreizung das
Bett hüten muss, pflegt die Mutter sie gesund, hält sie über Wochen im
schützenden Nest, umgibt sie mit all der sorgenden Liebe, die die Tochter in ihrem Gefängnis bei den Englischen Fräulein schon seit Jahren
entbehrt. Mit neuer Kraft kehrt Luise endlich dorthin zurück, jetzt geht
es darum, Lernstoff nachzuholen und nachzuarbeiten. Die Nachricht
mag für die Siebzehnjährige doppelt schmerzhaft gewesen sein: am 14.
Dezember stirbt die an einer grassierenden Grippe erkrankte Mutter.
Doppelt schmerzhaft: da sind Trauer und Schmerz über diesen viel zu
frühen Verlust, und da ist die Gewissheit, dass es dieses wärmende

Die Mutter: Anna Fleißer,
geb. Schmidt, undatiert

29

## Marieluise Fleißer: Das Mädchen Yella, 1929

Liesl Schwab, Ende der 20er Jahre

Yella hatte ein bleiches, abweisendes Gesicht, und Augen, mit denen sie ständig an einem vorbeiblickte. Man war wirklich betreten, wenn man mit ihr sprach; sie benahm sich sozusagen indirekt, wie wenn sie ihre Gespräche an eine nicht anwesende Person richte. Drei Dinge wußte man von Yella. Sie war unzugänglich. Wenn sie sich lange abseits gehalten hatte, schloß sie plötzlich impulsive Freundschaften, die sie später brüsk ignorierte. Sie verriet nie, was sie über eine dritte Person wußte. »Es ist bloß Yella«, sagten wir, wenn sie uns bei einem großen Geheimnis überraschte, und was Yella hörte, war so gut, als hätte niemand es gehört …

Ich sah sie erst wieder, als ich mit tausend anderen hinging, um ihre Fallschirmabsprünge zu erleben. Ja, unsere Mitschülerin sprang aus so bedeutender Höhe, daß sie ganz großes Publikum hatte. Sie sprang unter anderem Namen, aber es war unsere Yella, war Yella, die sich nichts aus uns machte. Sie stieg dort oben mitten in der Luft aus einem Flugzeug aus. Das war ihr Pensum. Hier konnte sie nicht mogeln mit Intuition. Sie war in Wahrheit auf sich angewiesen, wenn die geriefte Straffheit des Schirmes der einzige Widerstand ihrem hinsausenden Fall war.

Mehr noch, sie bewies, daß ihre Gedanken nicht aussetzten im Sturz. Sie ließ sich fünfhundert Meter weit überschlagen und brachte dann erst den Fallschirm zur Entfaltung durch einen bewußten Griff. Das war ihr Trick, der den Tausenden unten die Kehle drosselte. War sie dennoch eine Frau in den Sekunden der rasenden Herrschaft über die Nerven, die den Tod übersprang? Ich schwärmte für sie … Wie gefährlich leicht muß ihr zumute sein …

»Weißt du, man muß sich zusammenreißen«, sagte sie. »Man geht ja sonst durchs Leben wie eine Scheintote.«

Nest, das sie gerade noch erlebt hat, so nie mehr für sie geben wird. Dazu kommen Schuldgefühle und Zweifel: hätte die Mutter nicht vielleicht doch Widerstandskraft genug gehabt, der Krankheit zu trotzen, wenn die Zeit am Krankenbett der Tochter sie nicht selbst so mitgenommen hätte?

Eine Seelenkrise, die sie in sich verschließt. Doch die jungen Mädchen und Frauen, die sie später beschreiben wird, haben allesamt keine Mütter, keine positiven weiblichen Leitbilder.

Im Sommer 1920 legt sie die Abiturprüfung ab.

Trotz der langen streng katholischen Gefangenschaft entwickeln die Mädchen dieser Klasse weibliche Lebensperspektiven, die für die Zeit um 1920 ungewöhnlich anmuten: eine Zahnärztin ist darunter, eine Mathematikerin. Eine der ersten Fallschirmspringerinnen der Welt, Liesel Schwab –, die Marieluises Fleißer zum Modell werden wird für die Erzählung *Das Mädchen Yella* – ist eine Schulfreundin aus Ingolstädter Zeiten an der höheren Töchterschule.

Marieluise Fleißer, Foto auf der Immatrikulationskarte, November 1920

# Die jungen Mädchen

## oder: »Einen Fetzen muss man aus euch machen«

Erlebnisse und Beobachtungen der Ingolstädter Kindheit und der Jahre
im Regensburger Klosterinternat bilden den Grundstock an Erfahrungen,
mit dem Luise im Wintersemester 1920 ihr Studium in München aufnimmt.
Die Zeit ihrer kritischen Auseinandersetzung mit der als einengend und be-
schneidend erfahrenen Provinz ist gekommen. Jetzt gibt es – erst einmal
– keine Instanzen mehr, die ihr den Mund verbieten.

Der Schritt in die Großstadt wird zur ersten – wenn auch noch nicht offenen – Auflehnung gegen die patriarchalische Autorität: während der Vater
sich vorstellt, die Tochter würde darauf hinarbeiten, Mittelschullehrerin zu
werden, belegt Luis Fleißer an der Universität neben Germanistik und
Philosophie hauptsächlich Vorlesungen und Seminare für das Studium der
Theaterwissenschaften. In gewissem Sinne realisiert sie damit, was der Vater zu seiner Zeit gern getan hätte – sie folgt ihren eigenen Neigungen.

Schon das Leben in der Anonymität der Großstadt ist eine aufregende,
neue Erfahrung, der sie sich voll und ganz hingibt. Dass der Vater sie in
einem Klosterstift in der Hans-Sachs-Straße untergebracht hat, passt ihr
gar nicht. Sie ist jetzt eine junge Frau, die, in die Männerdomäne des öffentlichen Raums vorgestoßen, zur intellektuellen Elite gehört, zu den weniger als 9.000 Frauen, die damals an deutschen Universitäten studieren.[1]
Luises Lebensziel, so unklar und undefiniert es auch zu dieser Zeit sein
mag, liegt nicht mehr länger im traditionellen Behütetsein und schon gar
nicht im familiären Umfeld. Konsequenterweise – und obgleich sie es sich
eigentlich überhaupt nicht leisten kann – mietet sie sich in einem mö-
blierten Zimmer bei einer Hofrätin in der Schwabinger Ainmillerstraße ein.

In diesen ersten Jahren der Unabhängigkeit klammert sie in ihrer
Wahrnehmung den Rückhalt auf ihre Familie aus. Diese Haltung spiegelt sich auch in den Hauptfiguren ihrer Erzählungen *Der Apfel* und *Ein*

*»Die Fleißer, mit der Lust am Melo-
drama … fühlt sich angekommen in
der Welt eines temporeichen fiebrigen
Glücks. Sie steht direkt an den Vorpo-
sten der Wirklichkeit; sie gehört zur
›Avantgarde‹ … Das Paradies von
Metropolis leuchtet in tausendfarbi-
gen Gesichtern, mit fremdartigen Stoffen und Materialien. Das Leben in der
Stadt, in den Zentren eines neuen
›sachlichen‹ Lebensgefühls, zerfällt in
überschaubare Ressorts. Die Mode
propagiert das Ideal des souveränen
Körpers: die Ästhetik der Geschlechts-
losigkeit macht glauben, Frauen und
Männer bewegten sich in einer gemeinsamen Realität.«*

Gisela von Wysocki

*Marieluise Fleißer: Der Apfel, 1925*

*Die Zeit verging, die Mark fiel, die Freundinnen blieben aus. Es kam jener Tag, an dem es ihr ging wie vielen, ihr kleines Kapital war nur noch sehr wenig wert. Diesmal z. B. konnte sie nicht mehr daran denken, sich was zum Anziehn zu kaufen. Sie fror im Zimmer, das nicht geheizt war. In der galoppierenden Armut fand sie sich nicht zurecht.*

*Sie hatte so wenig Wirklichkeitssinn. Sie war wie in einem großen Wald, aus dem sie nicht herausfand. Oder sie war wie ein Taubstummer auf der Straße, und wen sie in der ihr eigentümlichen Sprache ansprach, siehe er ging weiter und machte sich nichts zu wissen von ihren ungelenken Zeichen.*

*Was sie gelernt hatte, war brotlos. Sie wußte nicht, wie die Menschen sich untereinander bewegen und durch welche geheime Vergünstigung einer es so weit bringt, daß er seiner bestimmten und bezahlten Arbeit nachgeht. In ihrer Unkenntnis stellte sie sich das viel rätselhafter vor, als es in Wirklichkeit war, und da keiner ihr eine Anleitung gab, blieb sie immer verschreckter in ihren vier Wänden sitzen und scheute an den Menschen. Und jetzt war sie richtig ein Mädchen, dem es schlecht ging. Die Mark war schon wieder weniger wert.*

*Der Freund kam immer noch und tat, als merke er nicht, wie hungrig sie es hatte, so zartfühlend war er, und er rechnete es sich hoch an. Es war eben ein unvergleichlicher Freund, und es wäre nicht angegangen, ihn aus seinen inspirierten Zuständen in ihre Niederungen herabzuziehn, wo es sie auf den Boden preßte. Auch er lebte von der Hand in den Mund, blitzartig konnte er sich dann wieder helfen. Er nahm es nicht genau mit dem Gesetz, aber er zog sie da nicht hinein.*

Räterepublik in Ingolstadt, April 1919

*Pfund Orangen:* beide Mädchen sind völlig auf sich allein gestellt und obwohl es ihnen materiell nicht gut geht, scheinen sie weder einer Arbeit nachzugehen, noch erfährt man, von wem sie unterstützt werden.

Luis, bereit sich vom ehemaligen Klosterzögling in eine ›Neue Frau‹ der Nachkriegszeit zu verwandeln, trägt bald den gerade in Mode gekommenen flotten Bubikopf und sammelt erste sexuelle Erfahrungen in der Beziehung zu dem sieben Jahre älteren Studenten Alexander Weicker alias Jappes, der sich als Schriftsteller und Bohemien versteht. Er imponiert ihr durch sein demonstrativ antibürgerliches Auftreten. »Ein Luxemburger, der in abenteuerlichem Aufzug herumläuft, sich in Stuttgart, Berlin und München herumgetrieben hat und dunkle Schiebungen macht, um sein Studium zu finanzieren«[2].

Weicker führt ihr erstmals die Existenz eines Schriftstellers in Realität vor. Ihre Realität als Schreibende in dieser Beziehung besteht zunächst im Abtippen seiner Manuskripte.

Weicker schreibt an dem – wie sie später urteilt – »schlechten« Roman *Fetzen,* der 1921 erscheint, mit dem Untertitel »Aus der abenteuerlichen Chronik eines Überflüssigen«: Jappes' Verhöhnung der bürgerlichen Kultur, nachgezeichnet am Beispiel eines Landjungen, der in die ihm fremde Großstadt kommt, um zu studieren und sich dabei von einer Damenbekanntschaft in die nächste stürzt. Das künstlerische Credo des Romans gipfelt in der Feststellung, die heutigen Schriftsteller seien »geniale Schweine«.

Für den Jappes im Roman sind Frauen Ziegen, Arbeitsbienen oder Töchter der Rucksackkultur mit klappernden Holzsandalen. Seinen Helden lässt er zu einem jungen Mädchen sagen: »Ich gebe Ihnen einen Apfel, dann sind Sie nicht mehr so einsam.«[3]

Für Luise bedeutet die Beziehung zu dem attraktiven Außenseiter Weicker auch eine Abkehr von den traditionellen Zielvorstellungen des Vaters. Das ihr zugedachte Rollenmuster trachtet sie durch die Art, wie

Alexander Weicher, alias ›Jappes‹

*»Ich habe mich auf die Ottomane geflegelt und meine gnädigste Mitarbeiterin, die gerade an der Maschine sitzt, hat mir, da ich den Mut zum Weiterlesen nicht mehr fand, ein bißchen literarisch an Erpeldings Anna herumhantiert.«*

Alexander Weicker über Marieluise Fleißer

*Marieluise Fleißer: Ich ahnte den Sprengstoff nicht, 1973*

*Ich war eine echte Schwabingerin und lief in einer Männer-Regenjacke herum. Mein Freund hatte sie mir geschenkt, als er sich einen Mantel kaufte. Die Jacke war mir zu weit mit ihrem Raglanschnitt, aber ich zurrte den breiten Gürtel ganz eng, da hing die Jacke mir immer noch fast ans Knie und war mein Mantel, es sah verwegen aus. Und als ich an der Ecke Franz-Joseph-Straße an diesem Max Halbe vorüberlief, der da ein halber Münchner und ein halber Danziger war und der sich mit einem Begleiter erging, da sagte der Halbe nur: »Kampf! Kampf!«, und die beiden blieben stehen und schauten mir nach. Ganz laut hatte er es gesagt. Ich nahm es für einen Beweis, dass ich mich anders auswuchs, als seine Generation sich ein junges Mädchen vorstellt, und das befriedigte mich. In dieser Jacke sah ich auf meine Mitmenschen mit seltsamen Gedanken. Ihre Gesichter waren Entdeckungen für mich geworden, sie kamen mir anders vor als noch vor einem Jahr.*

Weicker beschwert sich, dass Feuchtwanger in seiner Widmung den Kosenamen ›Lu‹ verwendet

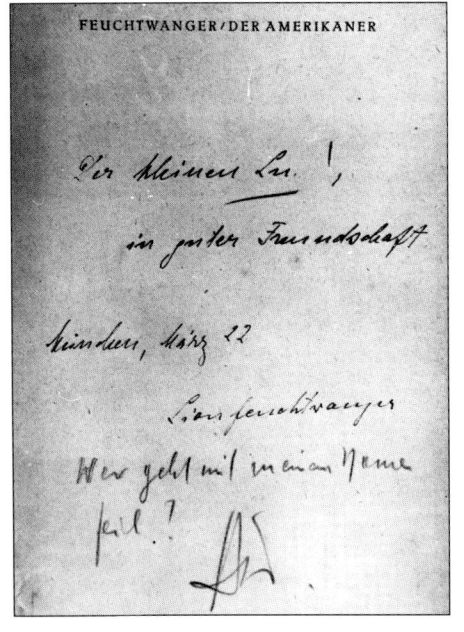

Alexander Weicker, 1919

36

sie sich kleidet, zu überwinden. Sie trägt Jappes' Regenjacke, die ihr viel zu groß ist, signalisiert so Zugehörigkeit zur Bohème und wie wenig ihrer Trägerin daran liegt, als wohlerzogene junge Dame zu gelten.

Auch ›Luise‹ passt nun nicht mehr. Jappes nennt sie in modischer Verkürzung der Zwanziger Jahre ›Lu‹. Lu Fleißer, ein neuer Name für ein neues Lebensprogramm? Er ist ihr zu weit wie seine Regenjacke.

Und zu weit ist ihr auch die große Stadt. Denn sie lernt und unternimmt es nicht – nicht in dieser Zeit und nicht später –, in ihren Texten das Leben in der Stadt aus der Perspektive der Stadtbewohnerin zu vermitteln, es von innen her, als gelebte Lebensform nachfühlend darzustellen, zu thematisieren; sie wird, im Gegenteil, immer dazwischen stehen, innerlich aus der Provinz heraus schreiben, deren Enge ihrer Fantasie mehr Spielraum und Gestaltungsmöglichkeiten liefert.

1922 ist das Jahr, in dem Jappes sich nach Paris absetzt – wiedersehen wird sie ihn nicht, einige Male werden sie sich noch schreiben. 1922 ist auch das Jahr, in der aus Lu jene Marieluise wird, die als Marieluise Fleißer in die Literaturgeschichte eingehen wird.

Ein paar Monate bevor Jappes untertaucht, stellt der Schriftsteller Bruno Frank sie auf einem Faschingsfest dem bereits arrivierten Lion Feuchtwanger vor als »die Frau mit dem schönsten Busen Mitteleuropas« [4], so ihre spätere Charakterisierung dieser Szene. Feuchtwangers Frau Martha erinnert sich, dass Luise bereits am nächsten Tag bei ihnen auftauchte und Lion ihre Gedichte zur Begutachtung übergab.

Bald geht sie bei ihnen ein und aus. Feuchtwanger liest ihre Texte, erkennt ihre Begabung – und bezeichnet alles, was sie bisher geschrieben hat, als »Expressionismus und Krampf«. Sein Urteil: heute schreibe man ›neue Sachlichkeit‹. Lu – Luise Fleißer verbrennt alles, was an Geschriebenem da ist. [5]

Was sie äußerlich bereits am eigenen Erscheinungsbild zu vollziehen versucht – die Straffung der Linien, eine Vereinfachung des Falten-

*»Lu kann eine jede heißen, sagte er mir. Das ist kein Name für eine Frau, wenn sie schreibt, das hängt sich nicht ein.« Da stellte der Lion meinen Namen um und machte die Marieluise daraus. So hat er mir den Namen gegeben, unter dem ich schrieb und schreibe, unter dem ich verfemt war und der ein Stück wurde von mir.«*

MarieluiseFleißer, 20er Jahre

38

wurfes althergebrachter weiblicher Kleidung, zugunsten der nun knapper und überschaubar-sachlich-gerade werdenden Konturen – akzeptiert sie, kaum darauf hingewiesen, sofort auch als Notwendigkeit für ihr Schreiben.

Sie will unbedingt lernen und weiterkommen. »Sie versucht so primitiv aber deutlich zu schreiben wie Kinderzeichnungen sind«.[6] So entstehen die Erzählungen *Meine Zwillingsschwester Olga* und *Meine Freundin, die Lange,* eine Internatsgeschichte.

In der Ablösung von ihrem Vater vollzieht sie einen weiteren Schritt, indem sie sich in Feuchtwanger einen Ersatzvater sucht. Sie erkennt seine Autorität an, akzeptiert sein Urteil, seine Maßstäbe. Sie nimmt es ihm nicht einmal übel, dass er eine der beiden Erzählungen, verschludert, in denen sie sich schreibend nach seinem Diktum zu richten versucht.

Auf Feuchtwangers Rat hin nennt sie sich jetzt Marieluise. Die literarische Prägung, die sie durch ihn erfährt, begleitet sie jahrzehntelang.

Die Ambivalenz, die die angehende Autorin dem Mentor gegenüber verspüren mag, den Zorn und die Trauer, die sie fühlt, als er ihre ersten schriftstellerischen Gehversuche abkanzelt, kann sie beiseiteschieben, weil sie gleichzeitig von ihm die Bestätigung ihrer Begabung erfährt.

Was er ihr nicht ausredet, ist das, was sie anfangs unbewusst einbringt und mit der Zeit lernt, als ihre Stärke zu betrachten: das vom eigenen Erleben ausgehende Erzählen.

Gehorsam macht sie sich die Technik des neusachlichen Schreibens zu eigen, die Nüchternheit in der Form. Die männliche Angst vor seelischer Entblößung teilt Marieluise nicht, sie lässt in neusachlichem Sprachgebrauch in ihren Erzählungen, dann auch in ihren Dramen die psychischen Verwundungen in den Seelen ihrer Figuren zum Ausdruck kommen. Anfang März 1923 erscheint ihre Erzählung *Meine Zwillingsschwester Olga* in der von Stefan Großmann herausgegebenen Anthologie *Das Tagebuch*.

*»Und so habe ich an einem zornigen Nachmittag alles, was ich vorher geschrieben hatte, verbrannt; ich nahm den Lion sehr ernst. Ich habe sogar den Aufsatz »Ist Auflehnung Sünde, Fragezeichen« verbrannt, an dem ich mit besonderem Stolz hing und in den ich allen Zorn der Jugend hineingelegt hatte.«*

*»Ich möchte immer was geben, wo eine wirkliche Lebensbeobachtung dahintersteht. Und wenn das heut nicht mehr der Brauch ist, das kann mich überhaupt nicht erschüttern. Ich weiß trotzdem, daß es so richtig ist und daß es Hand und Fuß hat und daß es kein Schwindel ist.«*

## Marieluise Fleißer: Die Ziege, um 1926/1972

Lion Feuchtwanger, um 1930

»... die Realität, das warst du, kein Ereignis wie ein Sturmwind, aber etwas, das beharrlich und lange dableibt und das überdauert, ... immer wieder habe ich einen Geschmack davon, als wäre es erst heute.«

Marieluise Fleißer zum 70. Geburtstag von Lion Feuchtwanger, 1954

Sie floh zu einem Mann, der für klug galt und für eine öffentliche Person. So einer mußte doch Rat wissen. Er trug seinen Hausanzug wie ein angewachsenes Fell und gab Wärme von sich und rückte sein Gegenüber zurecht, bis es in dies Zimmer eines Weisen paßte. Er wußte, wie man ein höheres Wesen aus sich machte, und wenn sie es da nicht lernte, konnte sie es überhaupt nicht lernen.

Er fand Zeichen von Begabung bei ihr und machte ein kleines Gesicht wie die festgesogene Mücke, so sehr kam es für ihn darauf an. Er gab ihr einen Doppelnamen, damit er sich leichter einprägen sollte, und ließ sie Fritz Mauthner Kritik der Sprache lesen. Er übersah ihre Anspannungen als unwichtig und bemerkte die gewordenen Süchte wie etwas, dem ein Mensch nicht entrann, nannte ihre Versuche zu einer persönlichen Leistung Krampf, gab ihr aber das Recht auf den Krampf, weil sie jung war. Er zersetzte ihren Rest an Selbstvertrauen und hatte seine gesicherte Position, in die er sie nicht hinaufziehen konnte. Er lehrte sie sich selber lieben, aber am Leben verzweifeln, weil sie durch diese Verzweiflung hindurchstoßen mußte. Die Menschen sollte sie ansehn für unmittelbare Mörder, dann wehrte man sich nämlich. »Genauer,« sagte er, »du bist zu wenig genau.« Sie rannte an seinen historischen Blick an wie an eine Wand ...

Er wog jedes Wort ab, weil die Fallstricke lauern im Wort. Sie bekam das Bedürfnis nach einem Abseits, wo sie nicht beobachtet wurde. Es zog sie ins Unbewußte zurück. Sie kannte ihren Himmel nicht wieder, seit sie auf ihn hörte, war nicht mehr eins mit dem Frühwind, der kam, mit dem Tau, der ging, wußte nichts mehr davon, wie Vögel fliegen.

In den Kammerspielen in der Augustenstraße hatte sie 1922 Bronnens *Vatermord* und Brechts *Trommeln in der Nacht* gesehen.

Brecht – und auch Horvath – studierten etwa zur gleichen Zeit wie Marieluise Fleißer an der Universität in München. Bertolt Brecht, dreieinhalb Jahre älter als Marieluise, ist seit 1917 für Medizin und Philosophie eingeschrieben und ähnlich wie sie nicht bereit, den Zweck seiner Studienjahre vorrangig im Erlernen eines bürgerlichen Brotberufs zu sehen.

Professor Artur Kutscher unterrichtete das neue Studienfach Theaterwissenschaften und veranstaltete regelmäßige Autorenabende, die Schriftsteller und neue Literatur einem wissbegierigen Publikum präsentierten. Auch Bertolt Brecht gehörte zu den Besuchern dieser Abende.

Schon als Gymnasiast hatte Brecht seine eigentliche Begabung entdeckt und sich im Freundeskreis mit Gedichten hervorgetan, die er beim Vortrag gern auf der Gitarre begleitete. Dabei sang er, wie sich ein Freund erinnerte, »nicht schön, aber mit einer hinreißenden Leidenschaft, trunken von seinen eigenen Versen, Einfällen und Gestalten wie andere von Wein, und machte die, die ihm zuhörten, wiederum trunken«.[7]

Nach anfänglicher Kriegsbegeisterung begann Brecht Ende 1914 das Kriegsgeschehen massiv zu kritisieren; literarisch in seiner *Modernen Legende,* in der Schule in einem Aufsatz zum Thema »Dulce et decorum est pro patria mori«. Da er diesen Ausspruch als »Zweckpropaganda« bewertete, sollte er von der Schule verwiesen werden. Nur der Einspruch eines Lehrers, der dem Kollegium darlegte, diese Ausführungen seien einem vom Krieg verwirrten Schülergehirn zuzuschreiben, rettete ihn vor der Relegation.

Brecht lernte auf einem von Kutschers Autorenabenden den Dichter Frank Wedekind kennen, der ihn mit seiner Provokation der bürgerlichen Moral und Ideologie, seinem Kampf für eine »Moral der Amora-

*»Der Ausspruch, daß es süß und ehren-*
*voll sei, für das Vaterland zu sterben,*
*kann nur als Zweckpropaganda ge-*
*wertet werden. Der Abschied vom Le-*
*ben fällt immer schwer, im Bett wie*
*auf dem Schlachtfeld, am meisten ge-*
*wiß jungen Menschen in der Blüte ih-*
*rer Jahre. Nur Hohlköpfe können die*
*Eitelkeit soweit treiben, von einem*
*leichten Sprung durch das dunkle Tor*
*zu reden, und auch dies nur, solange*
*sie sich weit ab von der letzten Stunde*
*glauben ...*

Bertolt Brecht in einem Schulaufsatz
zum Thema »Dulce et decorum est pro
patria mori«, 1915/16

Bertolt Brecht in Augsburg, 1920/21

*»In der Nacht noch spät / Sangen die Telegrafendräht' / Von den To-*
*ten, die auf dem Schlachtfeld geblieben — / Siehe, da ward es still bei*
*Freunden und Feinden. / Nur die Mütter weinten / Hüben – wie drü-*
*ben.«*

aus Bertolt Brecht: Moderne Legende, 1914

lität«, seiner Parteinahme für gesellschaftliche Außenseiter, wie auch mit seinen lyrisch-bänkelsängerischen Formen stark beeindruckte und nachhaltig prägte.

Kurz nach Wedekinds Tod im März 1918 konzipierte er seinen *Baal,* ganz unter dem Einfluss Wedekinds und in Reaktion auf das soeben aufgeführte Drama *Der Einsame* von Hanns Johst. Brecht stellt Johsts hohlem Pathos einen plebejischen Außenseiter gegenüber, dessen Lebenswelt und Gedanken seinen eigenen Vorstellungen entsprachen.

Brechts *Baal,* den Marieluise von Feuchtwanger zu lesen bekommt und sein *Im Dickicht der Städte,* das sie im Frühjahr 1923 im Theater sieht, werden für sie zu einer Art Initialzündung.

Feuchtwanger – »sein Mund läuft über von Brecht« – gibt ihr auch die in Kooperation mit Brecht nach und nach entstehenden Szenen aus dem Stück *Leben Eduards des Zweiten von England* zu lesen, und sie »wird immer mehr gespannt auf Brecht«.

Bis sie sich selbst an ein Theaterstück wagt, vergehen noch ein paar Monate. Vier Jahre in der Großstadtbohème haben Marieluise den Blick geschärft, die Ausdrucksmöglichkeiten weiterentwickelt. Anfang 1924 schließlich kann sie die in der Kindheit vermittelten Denk- und Lebensformen, Tabuisierungen, Zwänge, Verbote und Standards aufgreifen und zu den dramatisierten Bildern ihres ersten Stücks *Die Fußwaschung* verdichten. Die Entstehung wird sie später auf die Diskrepanz zwischen katholischer Klostererziehung und den Begegnungen mit Feuchtwanger und Brecht zurückführen.

Von Brecht allerdings kennt sie zu jenem Zeitpunkt, als sie an ihrem Stück schreibt, nur das, was sie von ihm gelesen oder auf der Bühne gesehen und was ihr Feuchtwanger über ihn erzählt hat. Auch als sie im März – auf Brechts Einladung hin – in den Kammerspielen der Generalprobe zum *Leben Eduards des Zweiten von England* beiwohnt, ist sie zu schüchtern, um ihn anzusprechen. Noch ist sie nur Publikum, noch fühlt sie sich in diesen Theaterräumen zu fremd, hat

*»Nie hat mich ein Sänger so begeistert und erschüttert. Es war die enorme Lebendigkeit dieses Menschen, die Energie, die ihn befähigte, von Gelächter und Hohn überschüttet, sein ehernes Hohelied auf die Menschlichkeit zu schaffen, die ihm auch diesen persönlichen Zauber verlieh. Er schien nicht sterblich.«*

Bertolt Brecht zum Tod von Frank Wedekind

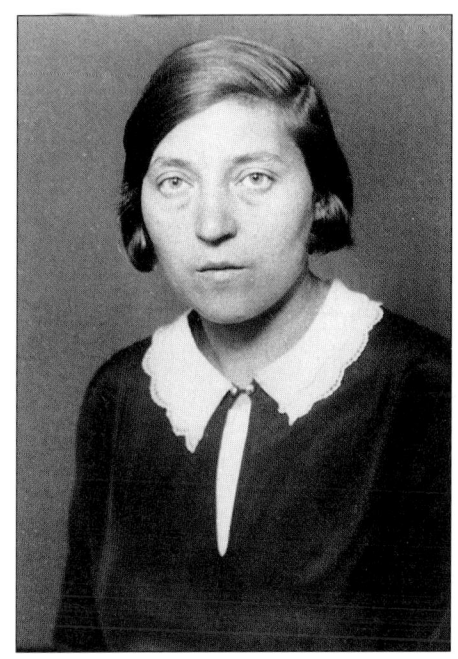

Marieluise Fleißer in den 20er Jahren

*Marieluise Fleißer: Fegefeuer in Ingolstadt, 1926*

Olga:    Sie haben sich etwas Schlechtes gedacht.

Roelle:  Ich habe die Zündholzschachtel mitgenommen und habe gewartet, daß Sie vorbeigehn. Ich habe sie in der Hand gehalten, mein Hals war dick. Ich habe bei mir gedacht, gleich zünde ich ihr den Rock an. Sie hätten sagen müssen, Mensch, du bist ja ganz blaß. Horn, haben sie gesagt, geh nicht mit dem. Und ich war mir zuwider.

Olga:    Ich habe keine Ahnung gehabt.

Roelle:  Heute zündet man nicht mehr den Rock an. Der Mond geht am Fenster vorbei, ich sehe Ihr Licht von meinem Zimmer. Aber es macht nichts, daß man stinkt, es bringt einen nicht um, eine wie Sie sind. Man hat seine Rache. – Wenn Sie gestatten, stecke ich mir eine an. Es gibt mir ein ruhigeres Gefühl …

Olga:    Ich will mit Ihnen per Arm gehn vor der ganzen Stadt.

Roelle:  Mit so einer mag ich mich bald nicht mehr sehen lassen in dem Kaff. Meine schlechte Haut ist mir lieber.

Olga:    Was muß ich tun, daß Sie – schweigen?

Roelle:  Ich kann auch einmal eine Macht haben, das kommt Ihnen wohl spanisch vor. Ich denke, jetzt will sie mir schöntun, weil ich es der ganzen Stadt sagen kann, alles wie ich es will. Haben Sie sich gebessert? Sie sind die Gleiche. Sie werden wieder so sein zu mir.

Olga:    Was wissen Sie von mir?

Roelle:  Ich frage Sie als Ihr Katechet, dies Kind Ihrer befleckten Empfängnis, ist es Ihnen ein Gegenstand der Liebe oder des Hasses?

Olga:    Es ist nicht anders als mein Widersacher.

Roelle:  Ich frage Sie als Ihr Katechet: Leugnen Sie, daß Sie es haben beseitigen wollen?

Olga:    Hätte es meine Mutter an mir getan!

Roelle:  Sie geht gleichsam hin und schlägt es mit einem Instrument tot.

Olga:    Sie wissen immer so bestimmt, daß Sie recht haben. Was aus dem Kind wird, sagen Sie nicht. Und was aus mir wird.

Roelle:  Das hätten Sie und Ihr sauberer Peps vorher überlegen müssen.

Olga:    Da überleg! Auf mich hetzen sie alle ein. Wenn man frei sein will – wenn die Freiheit kommt in einer schönen Gestalt und es schlägt über einem zusammen –

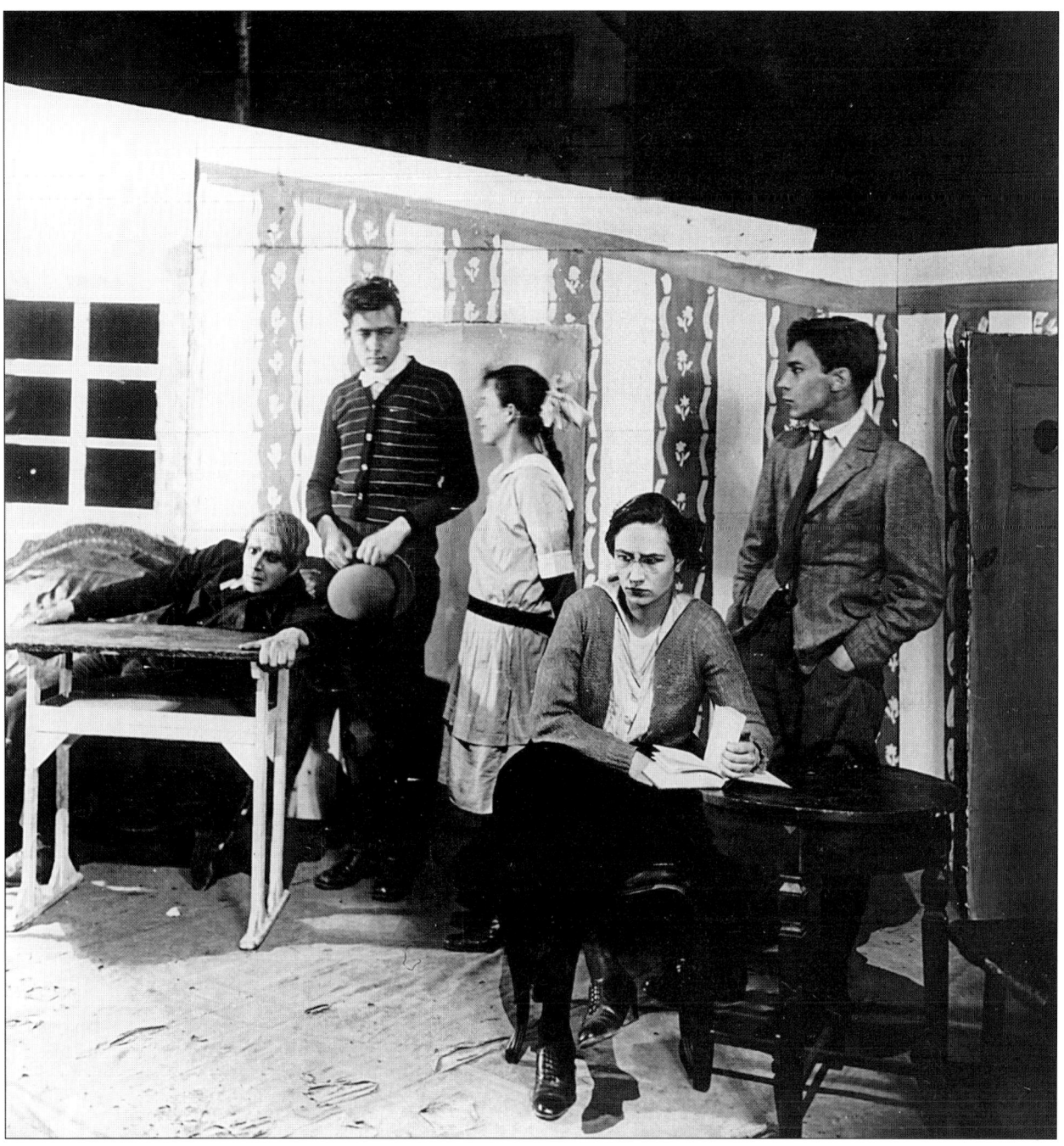

Szenenfoto *Fegefeuer in Ingolstadt*, Berlin 1926

## Marieluise Fleißer: Aus der Augustenstraße, 1969

*»Brecht hatte ihre Naturhaftigkeit beeindruckt, ihre durchdringende Sicht für unverfälschtes Leben. Die treffende Knappheit ihrer Dialoge entsprach seinen Forderungen an das Theater.«*

Herbert Greuèl

*Beim Lion lernte ich aufregende Leute kennen. Den Brecht gab es und einen gewissen Bronnen, die gehörten damals noch zusammen. Sie schrieben sich Bertolt und Arnolt hinten mit einem harten T, wodurch man sich ihre Namen merkte. Der Bronnen hatte den* Vatermord *gerade hinter sich und dann die* Septembernovelle *geschrieben, alles mit kleinen Anfangsbuchstaben wegen der größeren Auffälligkeit. Man mußte auffallen, das war wichtig. Den Schähkspier schrieb er respektlos, wie man ihn aussprach. Aber dem Brecht gefielen die Respektlosigkeit und die kleinen Anfangsbuchstaben schon vorher, die beiden waren ein Gespann. Als Gespann wollten sie schneller fahren. Außer dem Stückeschreiben hatten sie dies gemeinsam, sie fuhren zwischen Berlin und München hin und her. Vom Bronnen behauptete Brecht, daß er blöde Einbildungen habe, z.B. die plötzliche Hemmung über einen Platz zu gehen, wofür gar kein Grund sei. Brecht kannte solche Hemmungen nicht, er ging überallhin. Und so war er schnell die Vaterfigur bei seinem Freund, er nämlich schaffte an.*

sie sie nicht als den ihr eigenen Arbeitsplatz erobert, um sich schon selbstbewusst präsentieren und einbringen zu können. Sie geht fort, ohne auch nur ein Wort mit Brecht gewechselt zu haben. »Seine Art, Regie zu führen, befremdet und beeindruckt sie zugleich, für sie ist das sehr neu.«[8]

Zu einem ersten persönlichen Treffen mit Brecht kommt es, nachdem Feuchtwanger *Die Fußwaschung* gelesen hat. Er gibt das Stück weiter an Brecht, der jetzt seinerseits neugierig wird auf sie und sie zu Feuchtwanger »bestellt«. Zwar gewinnt Marieluise den Eindruck, ihr Stück liege Brecht nicht besonders. Aber immerhin verspricht er dem Schützling seines Freundes Feuchtwanger, sich für sie bei Moriz Seeler, dem Intendanten der Jungen Bühne, Berlin, zu verwenden – allerdings erst, nachdem dieser seinen *Baal* aufgeführt hat. Dass sie auf sein Wort vertraut, mag ebenso einer pragmatischen Einsicht entspringen – »der literarische Markt war ein Protektions- und Beziehungsdschungel, der eine Einzelkämpferin ohnehin nicht hätte zum Zuge kommen lassen«[9] – wie es gleichzeitig auch Ausdruck ihrer unbedingten Gefolgschaft ist, die sie, die Anfängerin, dem erfolgreichen männlichen Kollegen bezeugt. Was ihr dabei jedoch niemals verloren geht, ist die eigene Programmatik: »Für mich ist das Ausschlaggebende beim Schreiben der Mensch. Das ist etwas, das immer bleiben wird.«[10]

Ihre materielle Situation wird inzwischen immer prekärer, zumal ihre Familie sie im Zuge der um sich greifenden Inflation nur unter größten Schwierigkeiten weiterfinanzieren kann. Der Vater beginnt auf einen Studienabschluss zu drängen. Heinrich Fleißer hat auch seine anderen Familienmitglieder noch zu versorgen. Er ist seit 1921 in zweiter Ehe verheiratet, mit einer Frau, so jung wie Marieluise selbst. 1923 wird Fleißers Stiefschwester Hildegard Maria geboren.

Ende des Jahres 1924 verweigert der Vater ihr, da sie nicht bereit ist, ein Examen als Mittelschullehrerin abzulegen, jede weitere Unter-

*»Es war balladenhaftes Theater. Der junge Brecht, der Falkenberg zu große Weichheit bei der Einrichtung der* **Trommeln in der Nacht** *vorgeworfen hatte, führte die Regie selber. Er dachte an eine Moritat, wie sie auf Jahrmärkten vorgezeigt wird, das gab der Inszenierung ihren Charakter. Er gebrauchte verblüffend einfache, dabei sinnfällige Mittel, die leise an den Nerven sägten. Sogar das Essen wurde unter seiner Anweisung zum Kunstmittel, wie man es nie vergißt. Wenn der gefangene Faber mit seinem Blechlöffel das Nichts kratzend aus einem grauen Napf schabte, hörte man ihn das ganze Elend der Gefangenschaft, die Trostlosigkeit der politischen Lage aus dem Napf löffeln, das höre ich noch heut …«*

Marieluise Fleißer: Avantgarde, 1963

Bertolt Brecht

Der Mann war eine Potenz, er brach sie sofort. Es würde sich zeigen, ob sie es überstand. Wenn nicht, war sie es eben nicht wert. Schon die Lebensführung wurde gebrochen. Sie schwänzte die Vorlesungen und das Seminar, damit sie zur Hand war, wenn der Dichter sie brauchte. Sie nahm ihm seinen täglichen Kram ab. Seine Zeit war mehr wert, darüber ließ sich nicht einmal streiten. Die Ostermeier hatte kein gutes Gewissen, dachte sie an ihre eigenen Leute daheim. Die Leute zahlten. Sie hätte selber gern an ihrem Doktor gebaut. ›Was hast du vom Doktor?‹, redete er ihr ein, ›schreiben kannst du auch so. Da hilft dir kein Doktor dafür, zuvor musst du leben. Bleib du nur bei mir, und du hast auch schon deinen Weg. Aus den Zufällen muß man was machen.‹ Er war der Mann, der schon was konnte. Sie spürte tief, wie er über ihr stand, und war sie bei ihm, faßte sie doch einen Zipfel vom starken, vom glühenden Leben. Sie machte die ersten Schritte. Sie lernte schreiben an der Art, wie er schrieb.

»... ich gab Brecht gegen jedermann recht, am meisten gegen mich selbst. Innerhalb weniger Tage hatte ich ihn als eine Art Norm angenommen; dabei sind unsere Naturen verschieden, was ihm nutzt, tut wahrscheinlich mir weh. Es war bestimmt komisch: Ich war durch die Faszinierung seiner Begabung bis zur Selbstentäußerung verwandelt.«

stützung. Den für sie einzig möglichen anderen Studienabschluss, die Promotion, geht sie nicht an, von ihrem Schreiben kann sie nicht leben. Und so muss die Tochter, die in der Fremde die väterlichen Erwartungen nicht erfüllen will, zurück ins väterliche Haus.

Marieluise (links) und ihre Familie, kurz bevor die Schwester Anny (rechts) 1926 nach Südafrika geht

Die junge Dichterin, 20er Jahre

## Patriarchalische Schutzmacht

### oder: »Jenes vornehme Recht, mich verwunden zu lassen«

Im folgenden Jahr, 1925, ist sie hin- und hergerissen zwischen beiden Welten. Sie lebt und arbeitet im Ingolstädter Haushalt des Vaters, verbringt viel Zeit mit Bepp Haindl, dem Jugendfreund, dessen Vorliebe für die Natur sie teilt, setzt sich aber auch immer wieder nach München ab, um sich ganz aufs Schreiben konzentrieren zu können. An den Pfingstfeiertagen schreibt sie *Abenteuer aus dem Englischen Garten,* dem eine Begegnung mit einem jungen Maurer aus dem Sommer 1924 zugrunde liegt. Sie habe nie wieder so schnell geschrieben, erzählt sie rückblickend. Außerdem schreibt sie für den Berliner Börsen-Courier die beiden Erzählungen *Der Apfel* und *Stunde der Magd.*

Seit über einem Jahr pendelt sie nun, schreibt, wann immer sie kann und wartet.

Die Wartezeit endet, als in Berlin Moriz Seeler im Februar 1926 Brechts *Baal* unter dessen eigener Regie aufgeführt hat und nun mit der Jungen Bühne die Inszenierung ihres Stücks *Die Fußwaschung* vorbereitet, das er, ohne ihre Einwilligung abzuwarten, in *Fegefeuer in Ingolstadt* umbenannt hat.

Moriz Seeler ist begeistert. Er schreibt ihr, die Schauspieler seien, als sie das Stück zum ersten Mal vorgelesen bekamen, ganz angespannt dagesessen und völlig hingerissen gewesen.[1]

Seeler bittet sie vehement, zur Aufführung ihres Stücks nach Berlin zu kommen. Natürlich will sie kommen, aber der Gedanke, sie könne in der Metropole nicht richtig auftreten, vielleicht sogar wegen ihres Erscheinungsbildes durchfallen, scheint sie zu beunruhigen. Seeler schickt ihr fünfzig Mark für die Reise und versucht, ihre Bedenken bezüglich ihrer Kleidung zu zerstreuen. Er will versuchen, ihre Arbeiten irgendwo unterzubringen, um ihr so noch etwas mehr Geld zu verschaffen.

Moritz Seeler, 1930

*»Ich laufe hier in einem geliehenen Kostüm herum, man hat mir gleich gesagt, dass ich mich so, wie ich heraufkam, nicht sehen lassen kann. Na, das habe ich gewusst.«*

Brief an Heinrich Fleißer vom 28.4.1926

*Etwa zwei der vier Akte sind stärker, als von den Jüngeren einer bisher es imstande war. Gedrungen, sogar zusammenhängend. Beherrscht; nicht diffus ... Die Atmosphäre kommt ... meisterlich heraus. Derlei ist prall und schier und gekonnt und sitzt ... Begabt-naturalistisch ist die Fleißer – wenn's die gibt ... und so sie nicht ein Pseudonym für den Brecht ist. Doch Ingolstadt wirkt eindringender als dessen Augsburg: die ersten zwei Akte so gehalten-stark, wie Brecht mit seiner hübschen Luftstimmungsfabrik sie bisher nicht gekonnt hat ... Wenn somit eine Anneluise Fleißer existiert, scheint sie: eine Beobachterin; eine Festhalterin (nicht ranzige Naturepigonin); eine kostbare Abschreiberin kleinmenschlicher Raubtiereigenschaft, im hiesig-heutigen Mittelalter; und nur eins ist sie nicht: Führerin der Vorgänge. Immerhin: statt eines, Baal genannten, einsamen Triebmenschen in Wäldern (Problem der Gegenwart) malt sie furchtbare Residuen eines noch jetzigen, eines vielleicht immerwährenden Zustandes; die tapfere Fleißerin – wenn sie existiert.*

*Im dritten Akt ist sie aber wirklich mit Brecht zu vertauschen (haben sie's zusammen gemacht?) ... während im letzten Akt bei der Annaluise ... schon beinah Schlüsse wie von Barlach ... bauchgrimmig herandämmern ...*

*Falls die Fleißerin existiert, ist sie wirklich eine Hoffnung.*

Alfred Kerr im Berliner Tageblatt, 26.4.1926

Ihr Stück fällt nicht durch. Ganz im Gegenteil. Kritiker unterschiedlichster Richtungen loben das Talent der Fleißer, Kurt Pinthus[2] stellt die »blonde, schlanke, straffe Bürgerin aus Ingolstadt« als »eine wesentliche Begabung« dar, für Herbert Ihering[3] ist Marieluise Fleißer die erste schöpferische Gestalterin in der deutschen Dichtung seit Else Lasker-Schüler wieder, und Anerkennung auch von Alfred Kerr.

Es ist ein Durchbruch.

Das positive Echo in der Berliner Presse und nicht zuletzt Brechts Fürsprache verhelfen ihr nun zu einem Rentenvertrag mit dem Ullstein Verlag. Es wird festgelegt, dass der zu Ullstein gehörende Theaterverlag Arcadia *Fegefeuer in Ingolstadt* an andere Bühnen weitervermittelt und eine Option auf sämtliche künftige Stücke erhält; Ullstein wird auch ihre Prosatexte in seinen Zeitungen unterbringen und hat die Option auf deren Herausgabe in Buchform. Sie erhält dafür im Gegenzug ein Jahr lang ein monatliches Fixum von 200 Mark, die ihr für Aufführungen und Veröffentlichungen zustehenden Honorare werden gegengerechnet. Der Vertrag kann nach Ablauf verlängert werden. Das geschieht auch: im zweiten Jahr und bis auf weiteres sogar mit einem Fixum von 300 Mark. Die junge Autorin kann schlagartig auf eigenen Füßen stehen, sich eine Schreibmaschine kaufen.

Irritiert ist die Fleißerin, wie Brecht sie nennt, über dessen Reaktion auf ihren Erfolg. Er staucht sie zusammen – damit ihr der Ruhm nicht zu Kopfe steigt. Überstürzt fährt sie nach Ingolstadt zurück. Erst in Augsburg sieht sie Brecht wieder, sie besucht ihn im Lauf des Sommers und Herbst des öfteren, »das ist ihre schönste Zeit mit ihm«[4].

Bei einem dieser Besuche erzählt sie Brecht, dass sich in Ingolstadt im Moment Pioniere aus Küstrin aufhalten, die bei ihren Übungen eine Brücke über den Künettegraben bauen. Brecht ermuntert sie sogleich, das Geschehen zu beobachten und als Stoff für ein Theaterstück zu verwenden. Sie geht sofort darauf ein.

*»Wenn die schlecht schreiben, das ist für Sie gut, das muß so sein, weil es das gegnerische Lager ist. Man darf es nicht allen recht machen, das müssen Sie lernen. Da müssen Sie eine dicke Haut kriegen wie ein Elefant.«*

Bertolt Brecht an Marieluise Fleißer

*Marieluise Fleißer über die Entstehung des Stücks* Pioniere, *1968*

Brückenbau der Pioniere am
Künettegraben, 1924

»Wir sind am Graben spazieren gegangen, zum Plärrer Schiffschaukeln,
auch in die Bleichstraße in seine Wohnung, das war auch ganz schön. So
lange man jung ist, erlebt man was …
Ja, vom Brecht war es bestimmt nicht
die große Liebe, aber von mir war es
das jedenfalls schon eine Zeitlang.«

Marieluise Fleißer 1971 in dem Film
*Das bemerkenswerte Leben der
Marieluise Fleißer*

In Ingolstadt gab's nach dem Krieg keine Soldaten, wir hatten die
Weimarer Republik. 1926 kamen die Pioniere aus Küstrin zu Fluß-
übungen in unser Gelände; sie bauten eine Brücke über den Künettegraben. Das war wie eine Invasion. Ich erzählte Brecht davon auf einem Spaziergang am Augsburger Stadtgraben. Ich sehe heute noch die
Schwäne daneben herschwimmen. Brecht wollte sofort, daß ich eine
solche militärische Invasion in einer kleinen Stadt mit ihren Auswirkungen auf die Bevölkerung beobachte und aus eigener Anschau-
ung ein Stück darüber mache. Soldaten waren für mich unbekannte
Wesen, auch wenn Brecht mich am Abend hinschickte, um ihnen zu-
zusehen, zuzuhören, mich gelegentlich begleiten zu lassen. Ich
schnappte dabei ja nur einige Sprüche auf.

Anregung von Brecht: das Stück muß keine richtige Handlung haben, es muß zusammengebastelt sein, wie gewisse Autos, die man in
Paris herumfahren sieht, Autos im Eigenbau aus Teilen, die sich der
Bastler zufällig zusammenholen konnte, aber es fährt halt, es fährt!
(Genau diese Forderung.) Es muß ein Vater und ein Sohn hinein, es
muß ein Dienstmädchen hinein, es muß ein Auto hinein … Die Soldaten müssen mit den Mädchen spazierengehn, ein Feldwebel muß sie
schikanieren. Der Sohn sprengt am Ende die Brücke in die Luft, weil
ihn der Pionier bei dem Dienstmädchen ausgestochen hat. – Ich verstand von einem Auto genausowenig wie von Soldaten und hatte
Mühe mit dem Stück.

Doch sie denkt nicht so politisch wie Brecht, sie macht die Beziehungen zwischen den Soldaten und den Mädchen zum Thema. In Berta und Alma, den weiblichen Hauptfiguren, hat sie die ihr »fassbare Spannweite von jungen Mädchen« dargestellt. Mit dem Text bleibt sie unzufrieden, das Militär ist nicht ihre Welt.

Brecht geht im Herbst wieder nach Berlin zurück, Marieluise spielt zwar mit dem Gedanken nachzukommen, wagt den Sprung jedoch vorläufig noch nicht und bleibt weiter in München.

Anfang 1927 endlich entschließt sie sich nach Berlin zu übersiedeln. Die meisten der alten Freunde und Bekannten sind dort. Sie braucht die Kontakte, braucht Anregungen und Rückhalt. Außerdem weiß sie ja inzwischen, dass die Berliner Kritiker ihr günstig gestimmt sind, dass sie dort eine Presse findet, die sie veröffentlicht. Nicht zuletzt hat sie in Berlin ihren Verlag, bei dem sie ab und an vorsprechen muss – und außerdem ist Brecht in Berlin.

Aber Berlin ist nicht München, Berlin ist unvertraut, hektisch, unpersönlich, kalt.

Die Menschen gehen entsprechend unpersönlicher miteinander um. Man muss ihre Spielregeln kennen und sie sich zu eigen machen, noch dazu wenn man von außen kommt. Noch dazu als Frau. Noch dazu wenn sie auf Hilfe und Protektion hofft. Brecht ist in Berlin in seinem Element – Marieluise ist für ihn jetzt nur eine von vielen, die ›auch da‹ sind. Brecht, wie sie ihn jetzt in Berlin erlebt, ist ein anderer als jener im Sommer in Augsburg. Er braucht Zulieferer, sucht nach Stoffen, mit denen er sein episches Theater umsetzen kann. Er verlangt unermüdlichen Einsatz von allen, die mit ihm zu tun haben. Er setzt sich für sie ein, aber er will vor allem auch, dass sie ihrerseits für ihn da sind.

Sie kann sich damit weder anfreunden noch abfinden, merkt wohl auch, dass der ihr zugewiesene Platz ihr nicht entspricht, dass sie sich,

*»… Der Ton (in Berlin) war bewußt zynisch, kaltschnäuzig, salopp, womit eine permanente Unsicherheit keß zugedeckt wurde. Die Frauen trugen ihre kniefreien formlosen 'Hänger', die Haare hinten zu kurz geschnitten, so daß der Hals gegen Morgen unrasiert aussah, und machten sich über die gepflegten Frisuren, die schönen altmodischen Kleider der 'belle époque' lustig. Berlin, Anfang der zwanziger Jahre, war halbseiden, es roch nach Chypre, Abschminke und schlechtem Benzin … Berlin schmeckte nach Zukunft und dafür nahm man den Dreck und die Kälte gern in Kauf.«*

Carl Zuckmayer

*»Brecht suchte mich jetzt zu formen nach seinem persönlichen Plan. Das lief darauf hinaus, daß er mir mein Eigenes nahm und mich umschmelzen wollte. Sein brauchbares Werkzeug sollte ich werden.«*

*Liebes fräulein fleißer*

*falls Sie vom verlag Kiepenheuer einen vertrag zugeschickt erhalten sollten (über Ihr stück) unterzeichnen Sie ihn nicht vor der aufführung. falls Sie nach berlin kommen sollten, stehe ich Ihnen gerne zur verfügung bei abschluß von verträgen, sei es mit Kiepenheuer, sei es mit einem anderen verlag. mit besten grüßen, auch von feuchtwanger*

*Ihr brecht*

Postkarte von Brecht, April 1926

*Sehr geehrtes gnädiges Fräulein,*

*es ist ausserordentlich bedauerlich, dass ich heute erst zum ersten Mal einen Brief von Ihnen erhalten habe. Sie werden selbst kontrollieren können, dass ich schon mehrere Male Ihnen geschrieben habe und keine Antwort darauf erhielt. Stattdessen übernahm Herr Brecht die Verhandlungsbasis, und es war mir einfach nicht möglich, mit Ihnen eine Zusammenkunft zu haben, obwohl mir an einer solchen sehr gelegen hätte. Ich selbst war während Ihrer Anwesenheit in Berlin so schwer krank an Grippe, dass es mir unmöglich war, das Haus zu verlassen. Herr Brecht hat mir nun inzwischen zwei Novellen gesandt. Er wollte versuchen, diese wieder von Ullstein frei zu bekommen unter der Voraussetzung, dass ich Ihnen für den Novellenband, der im Herbst erscheinen soll, einen Vorschuss zahle. Nachdem er wiederholt hierauf bestanden hatte, musste ich leider aus diesem Grunde die Annahme verweigern und habe Herrn Brecht gestern die Novellen mit einer entsprechenden Notiz zurückgesandt. Ich möchte Sie auch in Zukunft, für den Fall, dass wir doch noch zusammen kommen, sehr herzlich bitten, jede Vermittlung zu unterlassen. Es ist bisher stets mein allervornehmstes Prinzip gewesen, mit den Autoren selbst zu verhandeln, schon aus dem einfachen Grunde, weil ich Werk und Person auf das innigste verknüpfe und mir sehr daran liegt, einen engen Kontakt zu dem Dichter selbst zu haben. Obwohl ich nun bereits am 31. ds. auf längere Zeit verreise, werde ich gern die mir heute gesandten drei Novellen in diesen Tagen noch lesen und allerspätestens Ihnen am Montag darüber schreiben. Ich bitte Sie freundlichst, sich bis dahin zu gedulden.*

*In vorzüglicher Hochachtung*

*Ihr sehr ergebener ...*

Brief vom Gustav Kiepenheuer Verlag, 26.5.1926

will sie dem Meister nicht weiter zuarbeiten, sich nicht von ihm instrumentalisieren lassen, aus dem engeren Brecht-Kreis lösen muss.

Einer, der auch dabei ist, sich aus dem Brecht'schen Umkreis zurückzuziehen, ist der Düsseldorfer Hannes Küpper. Der hat eine Stelle als Dramaturg an den Essener Bühnen in Aussicht und plant, Fleißers *Pioniere* dort zur Aufführung zu bringen. Nach dem Ton eines Briefes an Marieluise zu schließen, waren Küpper und sie sich in diesen Monaten sehr nah gekommen.

Darüber, was tatsächlich den Ausschlag gibt, dass sie bereits im Sommer 1927 Berlin wieder verlässt und nach München zurückgeht, schweigt Marieluise sich weitgehend aus. Über ihren Umzug und das folgende Jahr teilt sie nur karg mit, dass sie nun im Isartorviertel wohnt, schräg gegenüber von Karl Valentin. Sie nimmt die Arbeit an den noch 1926 begonnenen *Pionieren* wieder auf, fährt »zwischendurch mit dem Sportschwimmer und späteren Ehemann an den Wörther See, beendet die *Pioniere*.«[5]

Dass sie in den Notizen zu ihrer Biographie an dieser Stelle zum ersten Mal den »Sportschwimmer und späteren Ehemann« Bepp Haindl erwähnt, kommt nicht von ungefähr. Bisher hat sie sein Werben um sie ignoriert. Ihr ganzes Trachten war darauf gerichtet, sich innerhalb der großstädtischen kulturellen Avantgarde einen Platz zu erobern. Jetzt veranlassen sie die Erfahrung der Fremdheit in Berlin, auf den emotionalen Rückhalt des Jugendfreundes zurückzugreifen. Welche Erwartungen sie in Berlin an die Beziehung zu Brecht geknüpft, welche Rolle seine Haltung ihr gegenüber bei ihrem Rückzug gespielt haben mag, lässt ein Brief Martha Feuchtwangers ahnen: »Wie ich die Beziehungen zwischen ihr und Brecht sah, waren diese von Brecht aus gesehen weniger erotisch, als es bei der Fleißer den Anschein hat.«[6]

Hannes Küpper

*»Ich hoffe, auf ein paar Tage zu Dir mein Schatz zu kommen. Behalt mich lieb so wie ich Dich. Mach um Himmelswillen nichts, was mich traurig machen könnte. Laß Dich küssen von Deinem Hannes.«*

H. Küpper, Brief an Marieluise Fleißer, 14.6.1927

Der Jugendfreund ›Bepp‹ Haindl

*Marieluise Fleißer: Der Heinrich Kleist der Novellen, 1926*

*Wenn ich die Arbeit eines Dichters genau durchgelesen habe, stelle ich zuweilen mit mir ein Experiment an. Ich versetze mich in seine lebendige Gestalt; in meinem Ahnungsvermögen gehe ich seinen Muskelgefühlen nach und dem ganzen gelassenen Verhalten seines Leibes, wenn er so hinlebt... Wenn ich mich ihm so angenähert habe, versuche ich mich an einen Punkt heranzutreiben, an dem einem so beschaffenen Menschen die Konzeption, sagen wir einmal der ‚Marquise von O...' zuteil werden konnte. Ich lasse die Bedrängnis und die herzklopfenden Atemzüge über mich kommen, die nötig sind, um aus einem ständig sich umsetzenden Gehirn die unheimliche Empfindung von äußerster Nähe und Zugehörigkeit an eine in der Geschichte vorhandene Anekdote herauszuholen ... dann schleudere ich mich wieder in das Ungewisse zurück und werde wieder das heute schreibende Mädchen, das noch am Anfang steht, und frage mich, was würde ich aus dem Stoff machen?*

*... während die Herzen sich systematisch verhärten, antwortet Heinrich von Kleist auf alle Widrigkeiten nach wie vor mit einer märtyrergleichen Dichtigkeit seines Wesens. Er gleicht dem Mann, der sein Haus überall mithat, wo andere zurücklassen mussten, was sie nicht auf ein Motorrad aufpacken können ... Er nimmt vom Schicksal den ganzen unmittelbaren Ablauf von Empfindungen an, die in einem Menschen ausgelöst werden können. Was seinen Gestalten widerfährt, ist denn auch durchgängig die Entdeckung ihrer selbst an Widerständen, ein unbeschreiblich überquellendes Erlebnis der eigenen Persönlichkeit, die Selbstbehauptung der Individualität gegenüber der feindlichen Masse...*

*Es ist, wie wenn er nachsehen möchte, wieviel eigentlich ein Mensch aushalten kann, ob er dann, wenn er ihn durch alle Abgründe geschleift hat, noch ein inneres Leben aufweist. Der Stoff dient ihm nur als Vorwand, um die seelische Veränderung seiner Personen von Kulminationspunkt zu Kulminationspunkt aufzuzeigen. Er ist die bloße Konzession, die dem Publikum gemacht werden muß, damit er ihm das, was allein not tut, die Entwicklung menschlicher Seelen, unbemerkt beibringen kann.*

Im Herbst schreibt Küpper aus Essen, er habe ihr Stück an den Schauspielleiter Dr. Kerb weitergegeben. Dieser nimmt es an. Der Premierentermin steht bereits fest, als von städtischer Seite gegen die linksintellektuelle Ausrichtung des neuen Theaters interveniert wird. Die Aufführung wird abgesagt. Im März 1928 werden die *Pioniere* dann in Dresden uraufgeführt. Aber schon nach sechs Vorstellungen wird das Stück wieder abgesetzt, es zündet nicht.

Anfang 1928 lebt Marieluise erneut in Ingolstadt. Noch scheint sie voller Hoffnung, im Kleinstadtmilieu und in unmittelbarer Nähe zu den ihr nahestehenden Menschen ihre Autonomie bewahren und sich auf ihr Schreiben konzentrieren zu können.

Aber bevor sie sich in der altbekannten, durch die Intensivierung der Beziehung zu Haindl nun aber doch neuen Situation richtig einrichten kann, greift ihr ›anderes‹ Leben schon wieder nach ihr: Nach der Dresdener Uraufführung der *Pioniere* nähren Kritikerstimmen, die ihre Herauslösung aus der Provinz fordern, die eigene Ambivalenz: Soll sie in Ingolstadt bleiben, um ihren Nährboden von Sprache und Vertrautheit zu behalten oder blockiert sie sich durch das Verbleiben in Ingolstadt, schneidet sich von dem lebendigen literarischen Leben ab?

Sie geht wieder nach München. Haindl schreibt ihr lange Briefe, besucht sie an den Wochenenden, versorgt sie mit Lebensmitteln, bringt ihr von zu Hause mit, was sie braucht, gibt ihr, wenn sie ab und zu einige Tage in Ingolstadt ist, Schwimm- und Ruderunterricht und macht mit ihr Anfang September im österreichischen Pörtschach Urlaub.

Im Oktober eröffnet Haindl sein eigenes Geschäft und die beiden geben ihre Verlobung bekannt. In ihren in dieser Zeit entstandenen Erzählungen *Ein Pfund Orangen* und *Die Ziege* verdeutlichen die Protagonistinnen den Konflikt, dem sie sich selbst gegenüber sieht: Scheitern und Selbstauslöschung im Anpassungsversuch an den Mann, wenn sie nicht, wie die ›Ziege‹, zu der Einsicht gelangt, dass sie

## Marieluise Fleißer: Die Ziege, 1926/1972

Umschlagtypographie 1929

Sie war wieder da, wo andere inzwischen anfingen. Nicht daß sie nicht zugelernt hatte. Ein Gewaltmensch hatte an eine Frau hingeredet, was nur hineinging … Schon war sie keine von den Jüngsten mehr. Da waren neue Köpfe aufgekommen, die hatten ihre Mode in sich. Die Haare trug man jetzt aus den Wurzeln herausfliehend, daß das Gesicht keinen Rand mehr hatte; es kam ganz auf den Umriß der Backenknochen an, ob es wirkte. Da war es eben auch vom lieben Gott aus parteiisch zugegangen. Die Frisur sollte leicht aussehn, aber ihr Gesicht machte sie befremdlich schwer. Sie dachte, das ist nur, weil man es nicht gewohnt ist.

Verstohlen schaute sie die Genossinnen von der Seite an, sah tiefer hinein in die Züge, was im Anfang da war, ehe sie auf den Allerweltsdamenleisten kamen. So mußte man also werden. Aber mußten sie denn nicht schreien in manchen Nächten vor Leerheit?

Seht ihr denn nicht, dachte sie, wie sie nötig haben, daß man eine Hand auf sie legt und einen Typ aus ihnen macht? Sie hatten alle keine Leistung in sich selbst, kein eigenes Gesicht und keine gen Himmel schießende Flamme. Sie stellten sich tief hinein in ihren einzigen Reiz, ohne einen Gedanken daran, wie sie stehen blieben, wirkten sie frisch. Dann sagten sie, wir haben so wenig Jahre gebraucht und sind schon was geworden. Gott hängte seine Fahne über sie, auf der der Name stand dieser Kreatur: Girl. Viele liebten es, weil es nicht dachte.

Denn einer war wie der andere und hatte für die Frauen ein System und keine Gnade. Die Männer werden nicht gar, dachte sie, werdet ihr denn niemals gar? Wie lange noch soll ich mich wegen euch in Fetzen reißen? Da merkte sie, wie sehr sie eine Ziege war. Wohin gehörte sie überhaupt? Blieben ihre Gedanken nicht Anfänge und unberaten? Gott der Wille hatte mir ihr wohl nichts Entscheidendes vor, er legte eine schwache Ahnung in sie und gab ihr den Namen Sehnsucht.

sich von fremder Hilfe – und Unterdrückung – unabhängig machen muss.

Brecht war mittlerweile als Stückeschreiber weithin bekannt. Mit seinen Aufführungen von *Trommeln in der Nacht*, *Im Dickicht der Städte* und dem *Leben Eduards des Zweiten von England* hatte er von sich reden gemacht; seit September 1924 lebte er ganz in Berlin, arbeitete an Max Reinhardts Deutschem Theater als Dramaturg und beteiligte sich an Erwin Piscators kompromisslosen Inszenierungen. Die Zuschauer sollten nicht in Ergriffenheit und Illusionen verfallen, sie sollten die Vorgänge auf der Bühne reflektieren, um aus dem Gezeigten Lehren für die eigene Situation ziehen zu können.

Am 31. August 1928 fand die Uraufführung der *Dreigroschenoper* statt und wurde ein Riesenerfolg, der Brecht endgültig zur Leitfigur des neuen Theaters machen sollte.

Im März 1929 bereitet er im Theater am Schiffbauerdamm die Aufführung der *Pioniere* vor – offiziell führt Jakob Geis Regie – und ruft Marieluise dazu nach Berlin. Sie folgt seinem Ruf – und sie interveniert nicht, als sie miterlebt, wie ihr Stück dabei von ihm verändert, verschärft, politisiert wird. Sie ist ahnungslos über die politische Tragweite der provokatorischen Regieabsichten. Die Premiere am Ostersamstag wird zu einem Theaterskandal. Indem Brecht das Stück in die Vorkriegszeit – und damit in die Epoche allgemeiner Wehrpflicht – zurückverlegt hatte, standen die Pioniere jetzt gleichsam paradigmatisch für das gesamte Militär. Walter Benjamin bezeichnete es als politischen Fortschritt, dass, anders als im Vorkriegstheater, nicht militärische Chargen ins Rampenlicht gerückt waren, sondern die Truppe.[7] Vize-Polizeipräsident Weiss, selbst ehemaliger Pionier-Leutnant in Ingolstadt,[8] will das Stück verbieten.

Als anstößig empfunden werden vor allen Dingen der brutale Machismus der Soldaten und die zur Schau gestellte Sexualität (Bertas

# Ingolstadt wird in ganz Deutschland berühmt!

## Die Plakate „Fahrt nicht an Ingolstadt vorüber" sind überflüssig. — Die Folgen unserer moralischen Verluderung.

Ein trauriger Fall höchster sittlicher Korruption. Ein marxistisch-barmatiadischer Fall. Jüdische Geilheit und Dirnentum beschmutzen bairisches und deutsches Ge-

Allotria treiben, über die Dienstmädchen herfallen. Wie sie dann von einem bärbeißigen Feldwebel kujoniert werden. Und wieder abmarschieren, mit Singsang und

Donaubote, 5.4.1929

# Der Theaterskandal am Schiffbauer Damm

## Schwerste Beleidigung Ingolstadts durch den „Vorwärts"

Ueber die Uraufführung der „Pioniere in Ingolstadt" von Marieluise Fleißer schreibt die Berliner illustrierte Nachtausgabe

gemeinheit zu verletzen, gestrichen werden. Es handelt sich dabei auch um eine Szene, die folgendes darstellt: Die Soldaten beten, „Herr ver-

Ingolstädter Tagblatt, 4.4.1929

# Ingolstädter und ehemalige Pioniere – wählt sozialdemokratisch!

Marieluise Fleißers „Pioniere in Ingolstadt" erlebten ihre Uraufführung im Theater am Schiffbauerdamm in Berlin. Der

Das Stück fängt so lustig an, wirklich mit einem Durchzieher in das bayerisch-nationale Großmaul hinein. Wir sehen gleich am An-

Ingolstädter Zeitung, 4.4.1929

# Pioniere in Ingolstadt.

Wir haben uns gestern mit diesem Erzeugnis Marieluise Fleißers und mit der Kritik des „Vorwärts", die das starke Stück

Es gibt beim heutigen Theater zwei Wege, berühmt zu werden als Autor. Entweder man kann wirklich etwas, oder man bringt hundsordinäre

Ingolstädter Zeitung, 5.4.1929

## Nochmals: „Pioniere in Ingolstadt".

dr. Ingolstadt, 8. April. Von liebenswürdiger Seite sind uns über die Aufführung dieses Schand- und Spottstückes in Berlin eine Anzahl Kritiken

entziehen. Im „Lokalanzeiger" heißt es: „Wo der niedrigste Mann noch eine Anwandlung von Scham und Respekt verspürt, da findet sich ein Weib, das die letzten Rücksichten von sich abstreift. Vor diesem alles zersetzenden Frauengemüt hält keinerlei Wert noch Sitte stand". Eine Ingolstädterin verhöhnt ihre Landsleute in bissigster, beleidigendster Art. (Und ist froh, einen dieser „Spießer", das Wort im Sinne von Marieluise Fleißer angewen-

Ingolstädter Zeitung, 8.4.1929

Entjungferung spielt sich in einer rhythmisch wackelnden Kiste im Bühnenvordergrund ab). Das Stück wird zusammengestrichen, am Ostersonntag in aller Eile geladenen Kritikern ein zweites Mal präsentiert. Die völkisch-nationale Presse, besonders auch die Heimatpresse greifen das Stück weiter an. Der Ingolstädter Oberbürgermeister Gruber lässt am 6. April einen Protestbrief veröffentlichen, den er in mehrfacher Ausfertigung an den Deutschen Städtetag, zur Weiterleitung an das Innenministerium, das Polizeiministerium und die Presse geschickt hat. Er verwahrt sich gegen »das gemeine Machwerk«, dieses »Schmäh- und Schandstück«.

Am 17. April kontert die Autorin im Berliner Tageblatt. Sie weist die Vorwürfe vehement zurück. Sie gibt sich ironisch, steht diesem Skandal scheinbar souverän gegenüber, aber eben nur scheinbar. Denn sie fühlt sich da von Brecht hineingeritten, versteht noch nicht – sie gibt es 40 Jahre später zu –, was er mit ihrem Stück eigentlich zu zeigen bezweckte, weiß vorläufig nur, dass das, was sich da abspielt, eigentlich nicht ihr, sondern sein Skandal ist. Sie ist diejenige, die die Folgen zu tragen hat.

*Die Pioniere in Ingolstadt* werden ihr zum Anlass, sich von ihm – der in diesen Tagen seine Hochzeit mit Helene Weigel feiert – loszusagen. Marieluise Fleißer scheidet damit aus dem Kreis der Schriftstellerinnen im Brechtumfeld aus, die ihre eigene Karriere ›für ihn‹ aufgeben. Sie entscheidet sich anders als Elisabeth Hauptmann oder Ruth Berlau. Brecht wird die 'Fleißerin' in seinen Tagebüchern, seinen Erinnerungen nie erwähnen, aber das Stück *Pioniere in Ingolstadt* als eines der wichtigen Beispiele für sein Konzept des epischen Theaters bezeichnen.

Ihr bleibt nun freilich nicht – wie bisher – die Option, sich ins heimatliche Ingolstadt zu verkriechen. Kleinbürgerlicher verletzter provinzieller Heimatstolz sprüht Hasstiraden gegen die angebliche Nestbeschmutzerin. Die Familie sieht sich plötzlich von allen Seiten attackiert. Der Vater verlangt von ihr Rücksichtnahme auf seinen guten Namen

Szenenbild der Uraufführung

*»Gegen das gemeine Machwerk der Schriftstellerin Marieluise Fleißer Pioniere in Ingolstadt, wodurch Ingolstadt und seine Einwohnerschaft und die ehemalige Pioniersgarnison aufs schwerste beleidigt und verhöhnt wird, erheben wir feierlichst Protest. Ebenso protestieren wir gegen die weitere Aufführung dieses Schmähstückes, schließlich protestieren wir auch gegen die Art und Weise der Besprechung dieses Fleißer'schen Schandstückes im Vorwärts.«*

Ingolstadt Stadtrat,
Ingolstädter Tagblatt vom 6. April 1929

*»Sonderbare Reaktion von Brecht, er triumphiert.«*

*Sehr geehrter Herr Oberbürgermeister von Ingolstadt!*
*Liebe Mitbürger!*

*Sie haben gegen mein Stück »Pioniere in Ingolstadt« protestiert und es ein gemeines Machwerk, ein Schmäh-stück, ein Schandstück genannt. Warum denn gleich so hitzig? Sie haben ja die Aufführung nicht einmal gese-hen, auch das Stück nicht gelesen, da es niemand zugänglich war. Waren Sie da nicht ein bißchen leichtsinnig, Herr Oberbürgermeister? Wie kann man sich denn gleich bis in die Ausübung seiner Amtsfunktionen hinein auf das, was ein paar Zeitungen schreiben, verlassen. Und dann standen Ihrer den Zeitungen entnommenen Ansicht ja andere große Zeitungen entgegen. Haben Sie sich denn nicht das ganze Material angesehen, bevor Sie etwas taten, was Sie immerhin kompromittieren konnte? Oder wollten Sie vielleicht blind sein? Wenn Sie sich schon darum annahmen, Herr Oberbürgermeister, wäre auch eine andere Einstellung von Ihnen denkbar gewesen. Sie hätten mich zum Beispiel gegen die Entstellung meiner Absichten in Schutz nehmen können. Aber es wird jetzt Frühling und die Säfte steigen…*

*Ich schaue mein Stück an, ich schaue Ihren Protest an – ich kann mir nicht helfen, Herr Oberbürgermeister, ich bringe die beiden Dinge nicht unter einen Hut. Faktisch habe ich doch eine Riesenreklame für meine Vater-stadt gemacht, und ich habe sie gerne gemacht, da ich eine begeisterte Ingolstädterin bin. Sie sind mir da wirk-lich ein wenig in den Rücken gefallen. Ich habe schöne Ansichtskarten zum Projizieren besorgt und Photogra-phien von Leuten, die es mir erlaubt hatten; Photos, die herrlich genug sind, daß man davon träumen könnte. Damit allerdings hatte ich nicht gerechnet, dass Sie gegen Gratisreklame etwas einzuwenden haben.*

*Warum ich ein Stück über Ingolstadt schrieb? Weil ich in Gottesnamen die Menschen da unten mit ihren tausend Schwierigkeiten liebe. Ich verstehe nicht, was Sie eigentlich an meinem Stück kränkt. Daß es zwischen Soldaten und Dienstmädchen etwas vital zugeht? Das ist immer so gewesen, und außerdem ist Vitalität, von einem höheren Gesichtspunkt gesehen, eine positive menschliche Eigenschaft. Worum handelt es sich also: Soll-ten Sie fürchten, daß ich auf den einen oder anderen von Ihnen im besonderen hinschrieb? Beruhigen Sie sich, ich war kein Unmensch gegen Sie, Sie werden niemand erkennen, ich habe keinen einzigen unter Ihnen festge-nagelt.*

*Aus Ingolstadt schrieb man mir sogar, daß man mich dort totschlagen würde. Seid doch nicht gleich so derb, liebe Leute. Da hätte ich ja, wenn es nach euch ginge, in meinem Stück ganz anders derb sein müssen, um den volkstümlichen Ton zu treffen, mir macht das Kummer. Es ist nicht fein, wenn man ein Mädchen totschlägt. Es ist auch dann noch nicht fein, wenn dies Mädchen zufällig in Berlin aufgeführt wird. Die Mädchen genießen heute größere Freiheit. Wir leben nicht mehr im Zeitalter der Hexenprozesse. Kommt doch selber herauf und seht*

*Pioniere in Ingolstadt*, Berlin 1929

*euch das Stück an, bevor ihr euch lang aufhetzen laßt. Vielleicht wollt ihr mich dann gar nicht mehr totschla-*
*gen. Vielleicht geht es euch dann, wie in dem Brief steht, den ich gestern von einem mir unbekannten Lands-*
*mann bekam:*

*»Mit sehr großer Freude und Rührung habe ich der Aufführung Ihres Stückes beigewohnt. Ich stamme aus*
*der Gegend von Ingolstadt, aus einem Dorf bei Eichstätt, und es war mir heimatlich zumute, zumal am Sonn-*
*tag eine Anzahl ziemlich unliterarischer Landsleute den Zuschauerraum füllten. Ich bekam Heimweh ...«*

*Es wird Frühling, und die Säfte steigen. Mir scheint, dass Sie in dieser unruhigen Zeit an einem etwas bösen*
*Furunkel leiden. Wenn dies Furunkel aufgegangen ist, werden Sie wieder gesünder sein.*

Berliner Tageblatt, 17. April 1929

*Wenn die Marieluise Fleisser Novellen schreibt und auf den Titel setzt »Marieluise Fleisser aus Ingolstadt«, so kann das schon Koketterie sein, aber eine sehr wissende und die ihre Mittel kennt. Sie hat einfach die Überzeugung, daß man in der Provinz Erfahrungen macht, die es mit dem großen Leben der Metropolen aufnehmen können, ja sie hält diese Erfahrungen für wichtig genug, um ihre Person und ihre Autorschaft an ihnen zu bilden. Die Denkungsart, in der sie das tut, gibt ihr allen Anspruch auf Beachtung und Dank. Denn wer sich unter der provinziellen Literatur in Deutschland umsieht, erkennt: Sachwalter des Landschaftlichen und Stämmischen sind beinah immer verstockte, reaktionäre Geister. Man kann aber auch mit den wenigen Ausnahmen, mit Hermann Stehr, dem Schlesier, Alfred Brust, dem Ostpreußen, die Fleisser nicht in eine Reihe stellen. Die Formel würde nicht auf sie passen. Ein Mann wie Brust sucht die Enge der Umwelt durch eine oft sehr gewaltsame Weitung der Innenwelt auszugleichen. Dichtungen dieses Schlags unternehmen ihre Sache auf eigene Faust und inter dem Rücken dessen, was in Europa vorgeht. Marieluise Fleisser ist nicht weniger stolz aber disziplinierter. Sie pfeift auf Anschluß, aber sie bemüht sich um Einordnung. Ihre »Pioniere in Ingolstadt« haben gezeigt, mit welchem Glück sie verstanden hat, die unliterarische, aber keineswegs naturalistische Sprache, die Leute wie Brecht heute suchen, in Anlehnung an den ebenfalls gar nicht naturalistischen Volksmund zu schaffen. Ihr neues Buch geht in Richtung auf diese Sprache einen Schritt weiter. Sie spricht nicht mehr als dramatischer Autor in ihren Personen, sie nimmt sie in die Sprache ihrer Epik auf, solidarisiert sich mit ihnen. (…) Die Fleisser hat am Sprachkleid überall die Spuren der Ingolstädter Mauern, die sie streifte. »Mensch, Du hast woll die Wand mitjenommen«, sagt der Berliner, und das wäre ihr höchstes Lob. Sie hält wirklich nicht Abstand und streift, daß es schon mehr ein Rempeln ist, an den Dingen hin. So aggressiv und störrisch sie an die Sachen herangeht – ungeschickt ist sie dabei nur scheinbar. Ja der aufsässige Dialekt, der die Heimatkunst von innen heraus sprengt, ist nur die eine Seite des sprachlichen Könnens, das in diesen Novellen steckt. Es gibt da nämlich noch eine Verstiegenheit, die flüchtigen Lesern als Restbestand eines provinziellen Expressionismus erscheinen könnte, in Wahrheit aber, und mindestens außerdem, etwas Anderes und Besseres darstellt: die namenlose Verwirrung nämlich, mit der das volkstümliche Sprechen sich auf den Weg macht, die Stufen der sozialen Redeleiter hinanzuklimmen, das »feine«, »gehobene« Deutsch der herrschenden Klasse zu sprechen. Die Verfasserin hat diese Sprachgebärde als das erkannt, was sie ist, als soziale Zauberei, linguistischen Fetischismus, bestimmt durch eine Reihe von Beschwörungsformeln die Wände weichen zu machen, die sich zwischen den Klassen erheben. Und diese Rudimente von Magie im Leben geben den gekuschten, ausgepowerten Existenzen, die im Mittelpunkt dieser Erzählungen stehen, der »armen Lovise« oder dem Maurergesellen vom »Abenteuer aus dem Englischen Garten« das Faszinierende.*

Walter Benjamin, Echt Ingolstädter Originalnovellen

und legt ihr nahe, sich vorerst nicht in Ingolstadt blicken zu lassen. Das hat sie allerdings auch gar nicht vor, hat der Skandal sie doch schlagartig zu einer Berühmtheit gemacht. Und auch wenn der Verlobte zu Hause mit beispielloser Treue zu ihr hält und sie vor allen verteidigt, ist sie weit davon entfernt, sich in seine Arme flüchten zu wollen. Dass Haindls Lebensentwurf nicht der ihre ist, ist ihr vermutlich längst klar, aber noch hat sie nicht den Mut, einen Schlussstrich zu ziehen.

Auch als sie sich quasi im Handumdrehen auf eine Beziehung mit dem drei Jahre jüngeren Hellmut Draws-Tychsen einlässt, den sie Ende April kennen lernt, spielt sie Haindl gegenüber nicht mit offenen Karten. Der schreibt ihr noch am 7. Mai: »Wir können ja einmal den Gedanken ins Auge fassen und wenn Du im Juni wieder hier bist besprechen, einer Übersiedlung nach Berlin, ich müsste mir halt eventuell durch einen Bekannten von dort … einmal Auskünfte einholen …«

In dieser Situation trifft sie das Wort Feuchtwangers, des väterlichen Mentors, wie eine Offenbarung. Er, der ihr schon gleich nach dem Skandal der *Pioniere* geraten hat, eine Beleidigungsklage gegen den Ingolstädter Oberbürgermeister anzustrengen, bestärkt sie nun, »sich nicht mit der sinnlosen Ehe in Ingolstadt ihre Berufsarbeit zu zerstören«[9]. Nun endlich teilt sie Haindl ihren Entschluss mit.

Zu genau diesem Zeitpunkt erscheint ihr Novellenband *Ein Pfund Orangen – und neun andere Geschichten der Marieluise Fleißer aus Ingolstadt* beim Verlag Gustav Kiepenheuer. Der Titel zeigt es –, der Verlag will die Gunst der Stunde nutzen und die in aller Munde geführte Dramatikerin auch als Erzählerin in Umlauf bringen. Die Rechnung scheint erst einmal aufzugehen, bis zum Herbst werden über 1.500 Exemplare verkauft.[10]

Als Bepp Haindl am 14. Mai in der Hoffnung auf eine klärende Aussprache seinen Besuch in Berlin ankündigt, ahnt er weder, dass seine »Punny« wieder einen weiteren Schritt in ihrer Schriftstellerlaufbahn vorwärtsgekommen ist, noch dass sie bereits einen anderen liebt. Sie läßt

Fleißer und Haindl, 1928

*Liebs Luis!*

*Punny seit Samstag schreib ich jetzt Briefe und hab doch keine fortgeschikt und immer lese ich Deine lezten Briefe ich kann nicht fertig werden damit mein Herzl ich will ja nicht dass Du verkümmerst ich hab Dich ja viel zu lieb mein Baby um Dir zu schaden, aber es muss und soll einen anders Weg geben es wäre ja gut wenn ich hinauffahren würde nach Berlin wenn nur die Qual nicht grösser wird und würden uns vielleicht aussprechen vielleicht wäre ja doch die Möglichkeit vorhanden … ich kann ja keinen klaren Gedanken fassen … ich hab ja keine Ruhe mehr ich kann ja Dich nicht verlieren mein Herzpunny Du bist ja mir zuviel*

   *Viele Küsse*

   *Dein Bepp*

Bepp Haindl, Brief vom 13.5.1929

*Wie Du mir mitteilst, möchtest Du gerne nach Ingolstadt für eine Zeit; wenn du nicht bange bist, mir soll es nicht darauf ankommen, aber ich habe Bedenken, ich würde an Deiner Stelle lieber als Zigarrenladnerin in Berlin leben oder sein, wie hier als Dichterin, denn noch oft genug kann ich über Dich abfällige Urteile hören, auch von ins Gesicht spucken und dergleichen, so schnell sind die Wogen noch nicht glatt und dann die Sache mit dem Haindl Josef wie leicht kann da aus dem Lustspiel die Tragödie werden, und wenn Dich der Mann umbringen will, wie Du mir schriebst, wenn Du das riskieren willst? Für möglich halte ich alles bei der bodenlosen, unergründlichen Liebe oder Leidenschaft für Dich. Es war das ein böses Spiel mit dem wackeren jungen Mann, der Tapfere, der sich unermüdlich und furchtlos gegen die öffentliche Meinung gestellt hat, der unbeirrt um geschäftliche Vor- oder Nachteile unermüdlich in allen Kreisen in denen er Gelegenheit hat zu verkehren für Dich und Deine Ehre eingetreten ist, alles zusammengetragen und verbreitet hat, was zu Deinen Gunsten war, der sein Elternheim und noch mehr geopfert hat um Dich und der nun von Dir bei Seite gesetzt, sich elend fühlt und verzehrt in Sehnsucht, spitzig wird und schmal und nicht mehr weiß, wo ein, ja meine Liebe das ist schon nicht einfach und haben Deine gedankenlosen Hände da schon ein Unheil angerichtet daß Du ihn an Deine Seite zogest. Wenn Du nicht wirklich Aussicht hast empor zu kommen so daß es sein muß, einen Menschen zu opfern, dann überlege es Dir … also wenn es Dir finanziell nicht anders möglich ist dann komm!*

Heinrich Fleißer, Brief vom 27.6.1929

ihn kommen und wieder abfahren, ohne die Dinge klargestellt zu haben. Im Juni kündigt sie einen Besuch in Ingolstadt an – zeitgleich dem
Noch-Verlobten und ihrem Vater – und zwar einen längeren Besuch, wie
dem Antwortbrief des Vaters zu entnehmen ist. Sie steckt offensichtlich in finanziellen Schwierigkeiten. Auch dass sie nun endlich vorhat,
mit Haindl Schluss zu machen, teilt sie beiden mit. Der Vater redet ihr
ins Gewissen, aber neben den Vorwurf, sie habe mit Haindl nur gespielt,
tritt seine Sorge, dass ein Leben in Ingolstadt für ihre weitere schriftstellerische Karriere zu ereignislos und beengend sein wird. Entgegen
ihrer Ankündigung kommt Marieluise nicht nach Ingolstadt: schon am
11. August verschicken sie und Draws aus dem schwedischen Lund
Karten, auf denen sie ihre Verlobung kund tun. Wieder zurück in Berlin,
beziehen sie zwei Zimmer in derselben Wohnung, kurzfristig in Steglitz,
dann im Berliner Norden, Barfußstraße 7.[11]

Verlobungsanzeige aus Lund

*An den Geisterseher*

*Fahr, Kindchen, fahr*
*auf der schnellen, leisen,*
*schwedischen Bahn aus Eisen.*
*Bis Trälleborg an der See*
*tut dein Kopf dir weh,*
*dein Leben hängt an einem Haar,*
*fahr, Kindchen, fahr.*

*Die übers Meer dich schleifen,*
*die Toten wollen dich greifen.*
*Tote sind hinter dem Meer daheim,*
*tasten nach deinem Augenseim,*
*haben sich auf dem großen*
*Wasser verirrt,*
*mit ihren bloßen*
*Füßen im Tang verwirrt,*
*sind nach dir bang*
*im weglosen Tang.*
*Mit wehrlosen Knochen*
*im Wind ganz verkrochen*
*tasten sie nach deinem Augenseim,*
*beten dich ohne Stimme heim.*
*Fahr, Kindchen, fahr,*
*dein Leben hängt an einem Haar.*

*Vom Heben tun dir deine Hände weh,*
*dein Leib taumelt vom Fallen nach der See,*
*von einem fernen Bann versehrt,*
*der das Sterben ihm wehrt.*
*Denn die dich rufen,*
*in dir schufen*
*eine Leiter,*
*auf der sie steigen*
*ein Leben weiter.*
*Die ohne Stimme schweigen,*
*ohne Augen sehn,*
*durch dich wie durch ein Haus gehn,*
*Tote steigen aus dir schon im siebenten Jahr.*
*Fahr, Kindchen, fahr,*
*dein Leben hängt an einem Haar.*

Marieluise Fleißer, Berliner Tageblatt, 17.8.1929

## Moderne Frau

Jappes, Brecht, Bepp Haindl und nun Hellmut Draws-Tychsen: die Gegensätzlichkeit, die Marieluise bei der Vergabe ihrer Zuneigung demonstriert, wirft ein Licht auf die ihr eigene Zerrissenheit, die auch zu tun hat mit dem eben sich herausbildenden Typus der modernen Frau der Zwanziger Jahre: berufstätig und finanziell unabhängig, ist sie nicht mehr darauf angewiesen, ihr Leben an den einen Mann zu binden, der ihr materielle Sicherheit garantiert – theoretisch jedenfalls. In der Praxis fehlen auch in der Metropole Berlin den jungen Mädchen auf ihrem Weg zur modernen Frau positive Rollenmuster als Orientierung. Je facettenreicher und differenzierter die moderne Frau das eigene Ich nun erlebt, umso deutlicher tritt hervor, dass keiner der in ihrem Umkreis auftauchenden patriarchalisch geprägten Männer alle Seiten ihres Wesens zum Schwingen bringen kann. Und dass sie mit dem jeweiligen Partner immer nur das derzeit kleinste Übel wählt.

S. Chompré, Femme moderne

Jappes – Brecht – Bepp Haindl. Und nun also der als Journalist und Publizist tätige Hellmut Draws-Tychsen, der sich auch als Dichter profilieren möchte.

Seine Sprache versetzt Marieluise wieder in die Nähe dessen, was sie durch Feuchtwanger als ›expressionistischen Krampf‹ zu bezeichnen gelernt und im eigenen Schreiben abgelegt hat. Tatsächlich aber steht sie, die von sich sagt, »aus dem Dunkeln« zu schöpfen, also vom Gefühl auszugehen, Draws'Schreiben gar nicht so fern. Draws, als Antipode zu Brecht, tritt im richtigen Moment in Erscheinung. Dass er sie – in weit größerem Maße als dieser – schnellstens von sich abhängig zu machen, auszubeuten und zu demütigen versteht, kann sie nicht ahnen, doch begreift sie recht bald, wie schwierig dieser Mensch ist.

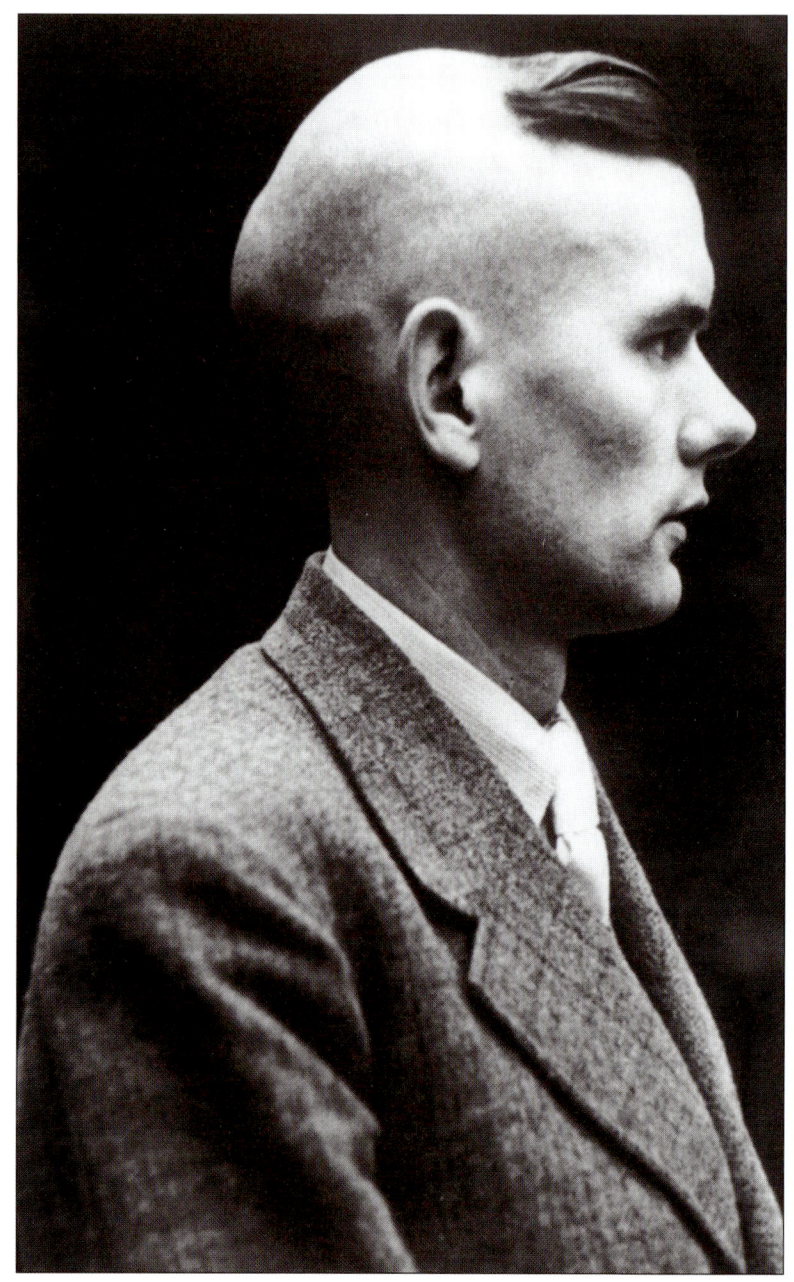

*»Die Bedingungen dieser Bindung sind von Anfang an fast unüberwindbar, aber sie will es durchstehen, um sich zu beweisen, daß sie es kann.«*

Hellmut Draws-Tychsen

Im Herbst 1929 bewältigt sie die Situation auf ihre Weise, indem sie sich daranmacht, sie schreibend zu parodieren. Wie klar sie sowohl Brecht als auch Draws durchschaut, zeigt das dabei entstehende Stück *Der Tiefseefisch,* in dem sie beider Selbstherrlichkeit gegeneinander setzt.

Was TÜTÜ (Brecht) mit LAURENZ (Draws) verbindet, ist die unbedingte Überzeugung, dass Frauen dem Herrn und Meister zu Diensten zu sein haben – was sie unterscheidet, ist, dass der eine mit dem ›Kollektiv‹ sein Streben nach Macht verbrämt, während der andere es in der Zweierbeziehung auslebt. Lächerlich sind beide.

Mit scharfem Blick enthüllt Marieluise im *Tiefseefisch* patriarchalisches Gebaren und Egomanie. Die Provokation richtet sich nun nicht mehr gegen ein miefiges provinzielles Kleinbürgertum, sondern gegen die Verhaltensweisen der eigenen Freunde. Es geht dabei nicht um die Veröffentlichung privater Konflikte – wie ihr oft unterstellt wurde –, sondern um die Aufdeckung von Machtstrukturen, wie sie sowohl in der Liebe als auch im Literaturbetrieb gelten.

Hellmut Draws-Tychsen

Allerdings ist im Berlin der Zwanziger Jahre ein gewisser Exhibitionismus nicht außergewöhnlich. Berlin, das sich schon vor dem Krieg zu einer Kulturmetropole von europäischem Rang zu mausern begann, zieht längst Künstler aller Sparten an – Regisseure und Schauspieler, Autoren und Journalisten, Musiker und Komponisten, Choreografen und Tänzer. Das Publikum ist aufgeschlossen und wach. Die Bemühungen der, wie George Tabori sie nennt, »Dreiviertelstarken wie Brecht, Grosz, Wedekind usw., die im Sog des Ersten Weltkrieges die Welt umwälzten und ihren Unterleib aufschlitzten, um zu zeigen, was unter den Seufzern der Romantiker verborgen ist«, fallen auf fruchtbaren Boden. Diese »Dreiviertelstarken« sind keine kleine Handvoll Verschwörer, sondern die sich aus verschiedenen, aber in sich verschlungenen – und auch überregional vernetzten – Gruppierungen zusammensetzende

Marieluise Fleißer (rechts) beim Dichterinnentreffen, Gandersheim, 1930

Kulturelite. Man kennt sich und hat miteinander zu tun: Feuchtwanger und Brecht, Helene Weigel, Erwin Piscator, Hannes Küpper, Elisabeth Bergner, Lotte Lenya und Kurt Weill, Fritzi Massary, Hans Albers, Peter Lorre, Alfred Polgar, Hanns Eisler, Erika und Klaus Mann, Gustav Gründgens, Pamela Wedekind und Carl Sternheim, Ruth Landshoff, Marlene Dietrich und Josef Sternberg, Vicki Baum, Irmgard Keun, Gabriele Tergit, Annemarie Schwarzenbach, Herwarth Walden, Gottfried Benn und Else Lasker-Schüler, Franz Jung, Carl Zuckmayer, Emil Jannings, Heinrich Mann, Valeska Gert, Lotte Jacobi, Tilla Durieux, Charlotte Wolff, Mascha Kaleko, Claire Waldoff und Leni Riefenstahl, Käthe Kollwitz und George Grosz, Friedrich Hollaender, Richard Friedenthal und Hermann Kesten, Alfred Kerr und Herbert Ihering und viele andere. Marieluise Fleißer hat in diesen Kreisen durchaus Namen und Platz. Zumal sie umstritten ist und zumal sie Theaterstücke schreibt, sich also eines Genres bedient, in dem sich bisher außer Else Lasker-Schüler – deren *Wupper* allerdings lange Zeit als unspielbar galt – nur Männer hervorgetan haben.

Im Februar 1930 stellt sie in einer Lesung Auszüge aus dem 1. Akt ihres *Tiefseefisches* vor, im Mai veröffentlicht der Berliner Börsen-Courier ebenfalls Auszüge aus dem Stück. Ernst Josef Aufricht will den *Tiefseefisch* im Theater am Schiffbauerdamm aufführen. Doch jetzt interveniert Brecht: Ohne das Stück zu kennen, verlangt er von Marieluise, es zurückzuziehen. Und sie gehorcht.

Draws erweist sich in dieser Situation als der Souveränere: ungerührt ob seiner im Stück zur Schau gestellten Egomanie empfiehlt er ihr, eine Hörspielfassung zu machen. Sie tut es nicht, legt das Stück beiseite und holt es erst über vierzig Jahre später wieder hervor. Als sie es 1972 umarbeitet, fügt sie einen 4. Akt hinzu, an dessen Ende sie die Frau, Gesine, sagen lässt: »Ich gehe von selber. … Ich lasse mich nie wieder fressen.«

Ernst-Josef Aufricht in den 60er Jahren

## Marieluise Fleißer: Der Tiefseefisch, 1930/1972

GESINE Bin ich kein Mensch, der was spürt? Haben immer die Fremden recht?

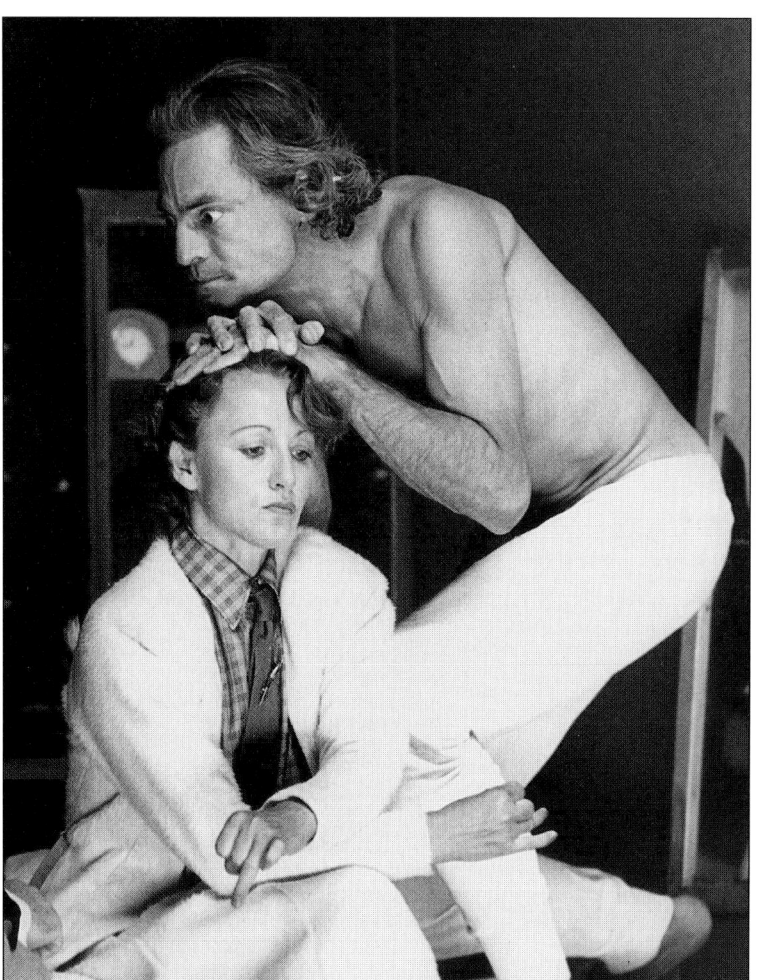

Szenenfoto: *Tiefseefisch*,
Schlossparktheater Berlin, 7.8.1980

LAURENZ Daß du nicht vergißt, daß es dein Geld ist! Daß ich es nicht weghauchen kann aus diesen Zügen! Du sollst keinen Willen haben. Du sollst nicht mehr du sein. Aufsaugen will ich dich.

GESINE Deine Augen sind wie vom gefallenen Engel.

LAURENZ Du musst ganz hörig werden von mir und ich muß ganz hörig werden von dir.

GESINE Du wirst nicht hörig. Du nicht.

LAURENZ Ich bin es auf meine Weise. Ich führe alles auf dich zurück. Wenn es draußen regnet, bist du daran schuld. Wenn ich was vergesse, hättest du verhindern müssen, dass ich es vergesse. Das ist meine Art von Zusammenhang. Wenn ich zornig bin, musst du den Zorn ausbaden, sonst komme ich davon nicht los. Ich bin so von dir hörig, dass du die Ursache bist von allem, was mir ein Hindernis wird. Mit deinen Augen sieht es mich an, so daß ich es in dir fortquälen kann. Wenn Herr Ypsilon mich nicht in der Zeitung bringt, Herrn Ypsilon kann ich nichts machen, aber dir kann ich was machen.

GESINE Du bist furchtbar.

LAURENZ Es soll nicht leicht sein. Du bist zu meiner Befreiung da.

Bei allem Scharfblick und aller Ironie, mit der sie 1929/30 ihre Situation betrachtet und darstellt, gesteht sie sich lange nicht ein, dass sie nicht damit leben kann, in der Partnerschaft mit Draws zu kurz zu kommen. Vorläufig überwiegen Draws' Exzentrik – schon sein Irokesenschnitt macht ihn zu einer auffälligen Erscheinung – und seine zur Schau getragene Weltgewandtheit alle Bedenken. Dass er für das Zentrumsblatt »Germania« und als Redakteur für die konservative »Berliner Börsen-Zeitung« schreibt, auch dass er die im Brecht-Kreis vertretenen Ziele nicht teilt und dass viele seiner Freunde politisch ganz auf der anderen Seite stehen, sogar dass sein Selbstbewusstsein seine Reputation bei weitem überwiegt – es ist alles nicht wichtig.

Der 1904 im westpreußischen Elbing geborene Draws ist eine schillernde Persönlichkeit, ein Hansdampf in allen Gassen. Offensichtlich weiß niemand so recht, wie dieser lang aufgeschossene, skurrile, jähzornige, egomanische, rechtskonservative, sprachbegabte und sprachenvernarrte Journalist, Lyriker und Völkerkundler wirklich einzuschätzen ist. Seit Jahren ist er mit Federico Garcia Lorca befreundet, er verkehrt mit Männern wie Max Halbe, Oskar Loerke, Theodor Däubler, Richard Friedenthal, Hans Erich Nossack und Robert Musil. Er eckt überall an und schmeichelt sich überall ein.

Man erträgt ihn, weil man fasziniert ist von ihm – Marieluise ist es auch. Sie selbst denkt viel zu wenig in politischen Kategorien, um sich klarzumachen, dass viele ihrer Bekannten und Freunde ihre Verbindung zu Draws zumindest mit Skepsis betrachten. Sie ist ohne eigentliche politische Heimat, wenn auch kritischer als er – der offen mit dem nationalen Lager liebäugelt, obwohl weit davon entfernt, sich parteipolitisch festzulegen. In Zeitungsumfragen ergreift Marieluise Fleißer Partei – ihr Artikel »Jahrhundert – gedrittelt« im Berliner Tageblatt könnte auch eine Lagebeschreibung der Zeit der Neuen Frauenbewegung sein –, aber das heißt nicht, dass sie sich als ›politisch‹ versteht. Ihr sezieren-

Das Paar Fleißer und Draws-Tychsen

*»Wir versandten zweihundert Anzeigen und bekamen vierhundert Gratulationen. Alles war vertreten: von den Nationalsozialisten bis zu den Kommunisten, von Alfred Mühr über Bernhard Diebold (nicht Kobold) bis zu Alfred Kerr, von Max Halbe über Paul Gurk bis zu Richard Friedenthal, von Europa über Siam bis zur Südsee.«*

Hellmut Draws-Tychsen über die Verlobung mit Marieluise Fleißer

*Stellt euch vor, Kinder, werde ich sagen, in was für einer Zwickmühle sich Frauen damals befanden. Vor dem Gesetz waren die sogenannten Frauenrechte längst errungen. Der wahre Kampf aber um die persönliche Würde der schaffenden Frau begann erst. Er wurde ausgetragen zwischen den Allernächsten, denen, die sich am meisten liebten und fürs Leben zusammengehörten. Die Frauen, die auf eigenen Füßen standen, wollten nicht etwa Mannweiber sein; diese Unart einer Bewegung, die in den Kinderschuhen steckt, hatten sie längst wieder abgestreift … Die Frauen hatten also umgelernt, die Männer nicht. Die Männer wendeten das Gesetz der Schlacht an auf alles, was ihnen unter die Finger kam. (In Gefahren- und Notzeiten wird die Lage der Frau automatisch schlechter.) Laßt unsere Frauen nach eigener Initiative streben und ihr Brot selbst verdienen, dachten die Männer, nehmt ihnen den Glauben nicht, solange sie nicht endgültig Gefangene sind; am Ende wird immer der Mann stehen, der ihnen den Lohn für ihre Mühe wegnimmt. Wenn zuvor Männer eine Verheiratung scheuten, weil sie die Frau nicht ernähren konnten, so gab es jetzt viele, die gerade aus dem Grunde heirateten, um eine Ernährerin zu haben. Deswegen verzichteten sie nicht auf Autorität. Dem Manne war Gewalt gegeben, um davon einen für die Gemeinschaft heilsamen Gebrauch zu machen. Das weitaus Häufigere war der Mißbrauch dieser Gewalt. So war die alte patriarchalische Ehe immer noch hundertmal besser als das Zwittergebilde jener Übergangszeit, in der die Männer … zwar auf die Rechte der alten Ehe pochten, ihre Pflichten aber unter Berufung auf die inzwischen vollzogene Emanzipation der Frau ablehnten und auf die Frau die gemeinsamen Lasten beider Eheformen abwälzten. So galten die Frauen als Arbeitstiere wie vorher, mit dem Unterschied, daß ihre Arbeit unendlich aufreibender und schwieriger geworden war. Ein tragisches Geschick wollte, daß auf diese Weise gerade die Wertvollen unter den Frauen systematisch zerrieben wurden, jene nämlich, die dem flüchtigen Genuß die Segnungen der Pflicht vorzogen … Wißt ihr nicht, daß die Frau durch ein Gesetz immer weniger geschützt ist als der Mann, weil sie nicht über die männliche Brutalität verfügt, um das ihr gesetzlich Zustehende auch in der Wirklichkeit zu erzwingen …*

Jahrhundert – gedrittelt, in: Berliner Tageblatt 1. Januar 1933

der Blick ist in erster Linie auf das gerichtet, was da »zwischen Männern und Frauen« passiert.So legt sie gesellschaftliche und kulturelle Zwänge bloß.

Sie stellt die Beziehung zu Draws allem anderen voran, lässt sich auf seine patriarchalische Weltsicht ein, wird eine jener Frauen, die sich »für ihre Männer schämten und ihr Martyrium ertrugen, ohne sich bei anderen zu beklagen«, weil sie »an die Aufgabe der Ehe glaubten«[1].

Dieser Draws spricht etwas in ihr an, was sie braucht nach dem Pionier-Skandal, den sie ohne Brechts Hilfe durchstehen muss. Draws verspricht Schutz – und sich selbst öffentliche Aufwertung durch diese Verbindung zu einer Frau, über die sich gerade alle das Maul zerreißen. Er wird für sie die ihr lästigen geschäftlichen Verhandlungen mit Verlagen und Presseorganen übernehmen, wird als ihr Manager auftreten. Und: Draws ist besessen darauf, andere Länder und Kulturen kennen zu lernen, er war schon in den entlegendsten Winkeln der Erde – Marieluise dagegen war erst ein einziges Mal im Ausland: mit Haindl in Pörtschach am Wörthersee.

Im Frühjahr 1930 unternimmt sie mit Draws eine dreimonatige Reise, die sie nach Frankreich, Spanien und Andorra führt. Wie schon im Vorjahr auf der Schwedenreise sollen auch jetzt literarische Reiseberichte die Reisekasse aufbessern. Marieluise erhält einen Vorschuss von der Vossischen Zeitung, für die sie drei Fortsetzungsberichte liefert, die sie später ergänzt und, 1932, unter dem Titel *Andorranische Abenteuer* als Buch bei Kiepenheuer veröffentlicht, Draws macht Notizen für ein *Andorranisches Tagebuch*.

Fleißer kauft für Draws, was immer er haben will, in Bordeaux suchen sie lange nach der echten Baskenmütze für ihn, in Barcelona besteht er darauf, sich ein Dutzend Hemden maßschneidern zu lassen,[2] für Marieluises eigene Wünsche bleibt kein Geld mehr. Ironisch beschreibt sie seine überpenible Ordnung beim Kofferpacken, seine Ticks

... er will mit ihr eine weiße Ehe führen, er will nicht in seinen Kreisen gestört werden, er will Reinheit, Keuschheit ... er ist asexuell, hat das Bedürfnis nicht. Aber es steht doch so, daß er sich nichts versagen muß, daß es für ihn natürlich ist, während er gleichzeitig auf sie einen furchtbaren Zwang ausübt wider ihre Natur, daß sie sich nämlich ihre schneidendsten Bedürfnisse versagen muß. und dies indem er von Anfang an wußte, wie sehr sexuell sie eingestellt ist ... es soll ihr genügen, daß sie seine Achtung und seine Liebe hat ... sie muß ganz leise werden, sie darf sich auch nicht selbst befriedigen, sie muß keusch werden, dann wird sie ein Gesicht haben wie eine Madonna. ... ihre Liebe abgöttisch fast wie Gotteslästerung ... was tut sie für ihn, ihre Selbstbeherrschung, wenn er Krach schlägt, sie läßt sich von ihm anfahren vor fremden Leuten, sie gibt ihm Geld, zieht es sich von der Nahrung und Kleidung ab, macht sich künstlich ruhig, wenn sie den Leuten gegenüber in beklemmende finanzielle Situationen kommt, sie, die immer so empfindlich war schon gegen die Blicke der anderen ..., sie stellt ihre Erotik vollständig um, gibt ihre Menschenscheu auf, bricht seinetwegen ihre lebenswichtigen Beziehungen ab ... Bei seinem unberechenbaren Wesen hat sie immer die Sorge, daß er sie plötzlich allein lassen wird.

*»Dein Leib, dein Hirn, dein Herz geht zum Teufel. Mensch bist du denn so, dass du nichts kannst als bei kalten Menschen wohnen. Peitsch dein Hirn, denn dein Herz ist warm und treu und dein Leib ist so zitternd, dass er vieles vibrieren lässt«*

Alexander Weicker an
Marieluise Fleißer

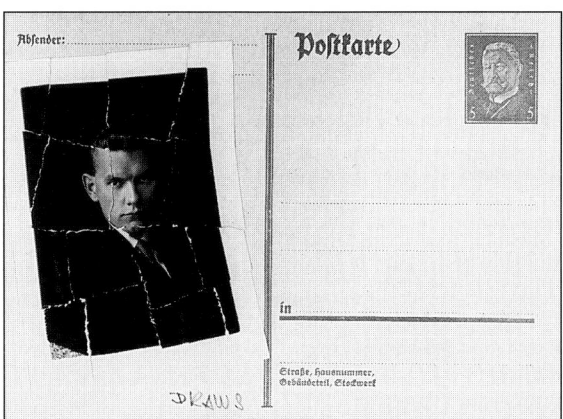

Hellmut Draws-Tychsen

in Bezug auf Kragenknöpfchen und lederne Hausschuhe.

Sie steckt zurück.

Das Bild der modernen Frau, wie die intellektuelle ›Ziege‹ und bald auch die ›Mehlreisende Frieda Geier‹ es vermitteln, hat wenig mit der Realität ihrer Beziehung zu tun. In ihren Vorarbeiten zum *Tiefseefisch* hält sie peinlich genau die Regeln fest, denen sie sich im Zusammenleben mit Draws unterwirft.

Sie vergöttert Draws. Als er 1932 seine Sammlung *Nordische Gedichte* veröffentlicht, erklärt sie ihn zum »überhaupt größten lebenden Lyriker«.[3] Sie folgt ihm bedingungslos, findet nicht mehr schreibend zu ihrer früheren Distanz zurück.

Umgekehrt tritt Draws für Marieluise auf, wenn es darum geht, mit ihren Verlagen zu verhandeln. Immerhin bezieht sie nun seit drei Jahren eine monatliche Rente von Ullstein, ohne bisher den erwarteten Roman geliefert zu haben. Ullstein hat beträchtlich mehr in sie investiert als durch sie eingespielt. Marieluise müsste ein Romanmanuskript vorlegen oder aber einen Weg finden, aus dem Vertrag entlassen zu werden. Sie ist offenbar davon überzeugt, dass Ullstein sie auch weiterhin hofiert und kann sich nur äußerst schwer zu einer Trennung entschließen, weil der Rentenvertrag ihre wenn auch bescheidene Existenzgrundlage ist. Hier nun tritt Draws in Aktion. Auf Brechts Vermittlung hin hatte Kiepenheuer die Buchausgabe der zehn Erzählungen *Ein Pfund Orangen* besorgt. Es bietet sich jetzt die Chance, das Haus zu wechseln. Draws verhandelt für sie, »bricht sie« – so Marieluise in ihren autobiografischen Notizen – »aus dem Ullstein-Vertrag heraus«, der im Dezember 1930, wie der Verlag schreibt, »auf ihren Wunsch« hin beendet wird. Draws bewirkt bei Kiepenheuer, dass man sie als feste Autorin übernimmt und ihr für ein Jahr einen Rentenvertrag gewährt, der allerdings an die Bedingung geknüpft ist, dass sie dann tatsächlich einen Roman vorlegt.

*»Schriftsteller. Man lasse sich vorlesen. Man schlafe nicht ein. Man finde alles sehr neu und einmalig. Man biete sich an, ihm das Manuskript abzuschreiben – man sei immer wieder dankbar und erschüttert von den herrlichen Gedanken und Worten… Man hat die unbedingte Chance, nach Beendigung des Manuskripts zur Muse aufzusteigen.«*

Irmgard Keun, System des Männerfangs

### Marieluise Fleißer: Mehlreisende Frieda Geier, 1931/1972

Die Konkurrenz bringt es mit sich, daß man in jedem Laden einen Fetzen Haut läßt. Frieda muß gegen lauter Männer antreten, die ihre Kollegen sind. Man muß seinem Vordermann scharf auf die Hacken steigen, sonst wird man an die Peripherie gedrängt, wo man verhungert. Der Absatz stockt, zu viele laufen mit in der Branche. Man muß den Kaufmann um Sinn und Verstand reden, ihn hypnotisieren.

Wie der andere damit fertig wird, ist seine Sache. Das oberste Gebot eines jeden: er darf sich nicht in die Lage des anderen versetzen. Mitgefühl lähmt. Das Recht zum Leben, das man dem Nächsten einräumt, nimmt man unweigerlich von der eigenen Substanz weg. Worauf man nicht selber die Hand legt, hat schon ein anderer beiseitegebracht ...

Soll man auf einen Auftrag verzichten, weil der Kaufmann im Druck ist? Wenn ich das Geschäft nicht mit ihm mache, kommt ein anderer und schließt mit ihm ab. Wenn er bei mir nachgibt, würde er bei einem anderen ebenso erliegen. Ihm wäre nicht leichter, bloß ich hätte das Nachsehn.

... Manchmal hat sie einen Krampf in den Beinen, daß sie umsinken könnte. Danach darf sie nicht fragen, sie muß in die Dörfer hinaus. Manchmal möchte sie alles hinschmeißen vor Verdruß. Es ist bitter nötig, daß Frieda sich den Stachel ins eigene Fleisch treibt.

Den schreibt sie dann auch: *Mehlreisende Frieda Geier, Roman vom Rauchen, Sporteln, Lieben und Verkaufen.* Weder der Roman noch der Erzählband erweisen sich als Kassenschlager, trotzdem bietet Kiepenheuer zum Jahresende eine Vertragsverlängerung an.

Beim Schreiben der *Mehlreisenden Frieda Geier* taucht Marieluise Fleißer im Kopf wieder in die bayerischen Dörfer ein, schüttelt die Großstadt von sich ab, versenkt sich bei der Charakterisierung des Gustl Amricht aufs Neue in Phasen der Auseinandersetzung mit dem ehemaligen Verlobten Haindl. Sie entwirft die Figur der Frieda Geier als unabhängige, selbständige Frau, die sich als die Stärkere erweist, die sich von dem Mann trennt, bevor er ihre Bewegungsfreiheit beschneidet.

Die Spaltung, der sie sich in ihrem ›wirklichen‹ Leben ausgesetzt fühlt, wird in dem *An einen Kameraden* gerichteten Brief deutlich, den sie in einer am 25. Dezember 1930 im Berliner Tageblatt publizierten Sammlung von Liebesbriefen veröffentlicht. Er beginnt mit: »Lieber D …?« Die Botschaft, die sie darin vermittelt, heißt nicht gleichberechtigte Partnerschaft zweier Individuen, sondern weibliche Unterordnung und Selbstverleugnung.

Draws, der sie in seinen Briefen »liebes Küken« und »Kind«[4] nennt, ist bei weitem nicht der Traummann und Ritter, den Marieluise erwartet hat. Es zehrt an ihr, dass er als Dichter keine öffentliche Anerkennung erfährt. In einem langen Brief an den Verleger Wolfgang Jess setzt sie sich im Mai 1931 für ihn ein, sie schreibt auch später – trotz dann vollzogener räumlicher Trennung von Draws – Bittbriefe in diesem Sinne, an den Wunderlich-Verlag, an Max Halbe, im August 1933 wendet sie sich schließlich sogar an den Blut- und Boden-Dichter Hanns Johst.[5]

Da die rechtsorientierte Presse Draws' Verbindung zu Marieluise nicht goutiert – seinen Job bei der Börsen-Zeitung hat er aufgegeben –, werden ihm auch seine publizistischen Arbeiten immer schleppender

Der Kritiker Ihering (rechts) mit Sohn, Marieluise Fleißer und Jakob Geis, 1929

## Marieluise Fleißer: An einen Kameraden, 1930

**Marieluise Fleißer**
schrieb bisher die beiden Schauspiele „Fegefeuer in Ingolstadt" (1926) und „Pioniere in Ingolstadt" (1928) sowie den Novellenband „Ein Pfund Orangen und neun andere Geschichten der Marieluise Fleißer aus Ingolstadt." Man möge daraus ersehen, wie sehr die Fleißer in Wort auf ihre Heimatstadt legt. Diese jedoch scheint weniger davon beglückt zu sein. Dennoch wiegt sich die Fleißer in der kühnen Hoffnung, dereinst Ehrenbürgerin in ihrer Heimatstadt zu werden, und vermeint mit ihrem neuen Schauspiel „Der Tiefseefisch", das diesmal gar nicht von Ingolstadt handelt, ihrem Ziel bereits einen Schritt nähergekommen zu sein.

Funkstunde Nr. 7, 1930.

… *wenn zwischen uns zuweilen die harten Worte fallen, die aus unseren Gegensätzen kommen – denselben Gegensätzen, die uns einmal anzogen und immer anziehen werden –, dann liegt es an mir allein, die Pfeile dieser Worte in jenen Eifer zu verwandeln, der mich durch die Gefahren am Wege unbeirrt vorwärtstreibt, dem Ziel einer großen und gelösten gemeinsamen Liebe entgegen. Lieben heißt nicht, sich nach dem anderen sehnen und ihn umfassen, lieben heißt, für den anderen etwas tun. – Wie könnte ich dem Rat anderer Menschen folgen und mich unverwundbar machen, so daß diese Spitzen mich nicht mehr im Innersten treffen und jeder neben dem anderen seinen ungestörten geschlossenen Weg geht. Dies würde nur zu einem äußerlichen Ertragen führen, nicht zur innigen Verschmelzung, in der wir beide uns erfüllen wollen. Wenn ich einen Menschen lieb habe, muß ich ihm jenes vornehme Recht einräumen, mich von ihm verwunden zu lassen und die Härte des Augenblicks durch meine freudige Hingabe in etwas verwandeln, was meine Seele liebenswerter, der Liebe würdiger macht. Da ich Dich liebe, wie darf ich mich solchen Gedanken überlassen, die mich an Deine Pflichten gegen mich mahnen. Ich muß viel mehr in erster Linie an die Pflichten denken, die ich selbst gegen Dich habe.*

abgenommen. Die angespannte Finanzlage des Paares – beide bezeichnen sich in offiziellen Briefen grundsätzlich als Ehegatten – bleibt nicht ohne Auswirkungen auf die Beziehung. Während Draws mit männlicher Unbekümmertheit zu nächtlichen Saufgelagen verschwindet, oft mit dem Freund Richard Friedenthal, wird Marieluise immer unsicherer und verstörter. Von Ullstein erfährt sie, dass dort noch eine Summe von annähernd 5.000 Mark zugunsten des Verlags offen steht. Gelegentliche Lesungen in verschiedenen Funkanstalten bringen ihr 100- oder 200-Mark-Honorare ein, die das monatliche Kiepenheuer-Salär kräftig aufbessern, aber manche Projekte oder Aufträge sagt sie kurzfristig ab, weil sie sich überfordert und ausgepowert fühlt. Wenn Draws wochenlang auf Reisen geht, vermisst sie ihn, wenn er da ist, streiken ihre Nerven. Mit dem Ullstein Verlag gehen Verhandlungen über Vorabdrucke, Optionen und eventuelle Veröffentlichungen künftiger Romane weiter. Man erwartet dort von ihr zumindest eine teilweise Begleichung der an sie geleisteten Vorschüsse.[6] Mit Brief vom 3. Dezember 1931 erklärt sie sich einverstanden, zuerst Ullstein ihre nächsten drei Romane anzubieten, bei Annahme darf Ullstein im Gegenzug von den ihr gezahlten Vorschüssen nur einen Teilbetrag (2500.– RM) auf das zu zahlende Honorar anrechnen.[7] Unverständlich bleibt, warum sie in dieser Situation zum Jahresende aus dem Schutzverband Deutscher Schriftsteller austrat.[8]

Offensichtlich trägt sie sich mit dem Gedanken nach Ingolstadt zurückzukehren: am 12. Februar 1932 schreibt ihr der Vater, er sei nach ihrem letzten Brief »tagelang ganz traurig« gewesen, denn »nun klopft auch diese Sorge wieder an«.

Weil die *Mehlreisende* sich schlecht verkauft und sie sich auch von der Veröffentlichung der *Andorranischen Abenteuer* keine grundsätzliche Verbesserung ihrer finanziellen Lage verspricht, weil also alle Versuche, mit Draws zusammen auf einen grünen Zweig zu kommen, fehlschlagen, gerät sie mehr und mehr in Panik. Materiell und psychisch am

*»Ich schreibe ohne Wissen meines Mannes … Ich möchte, da mein Mann sehr verbittert ist, unnötige Enttäuschungen vermeiden und ihn daher erst im Falle Ihres prinzipiell positiven Bescheides von meinem Schritt verständigen … man spricht nur von dem Essayisten Draws-Tychsen, nicht von dem Dichter … Es wird Ihnen ja auch klar sein, dass in einer Ehe von zwei geistig schaffenden Menschen, von denen der eine Teil sich breiterer Anerkennung erfreut, während der andere sicherlich nicht schlechtere, nur grundverschiedene, mit seiner Produktion überhaupt nicht zu Worte kommen darf, sich die Situation auf die Dauer bis zum Untragbaren zuspitzt … Ich setze voraus, dass Sie diesem Schritt einer liebenden Frau Ihr Verständnis nicht versagen …«*

Brief an den Verleger Wolfgang Jess, Mai 1931

*»Nun habe ich ein Anliegen an Dich Luise, wenn Du bei uns nun wieder bist sei vorsichtig im Umgang mit El- la und Hilde. Wenn Du nun einmal das Unglück gehabt hast in so jungen Jahren allein und fern dem Elternhaus in der Blüte Deiner Seele u. dann im Denken und Fühlen von Weikert und Konsorten vergiftet zu werden, so las- se das bitte ich Dich nicht abfär- ben...«*

Heinrich Fleißer an Marieluise,
12.2.1932

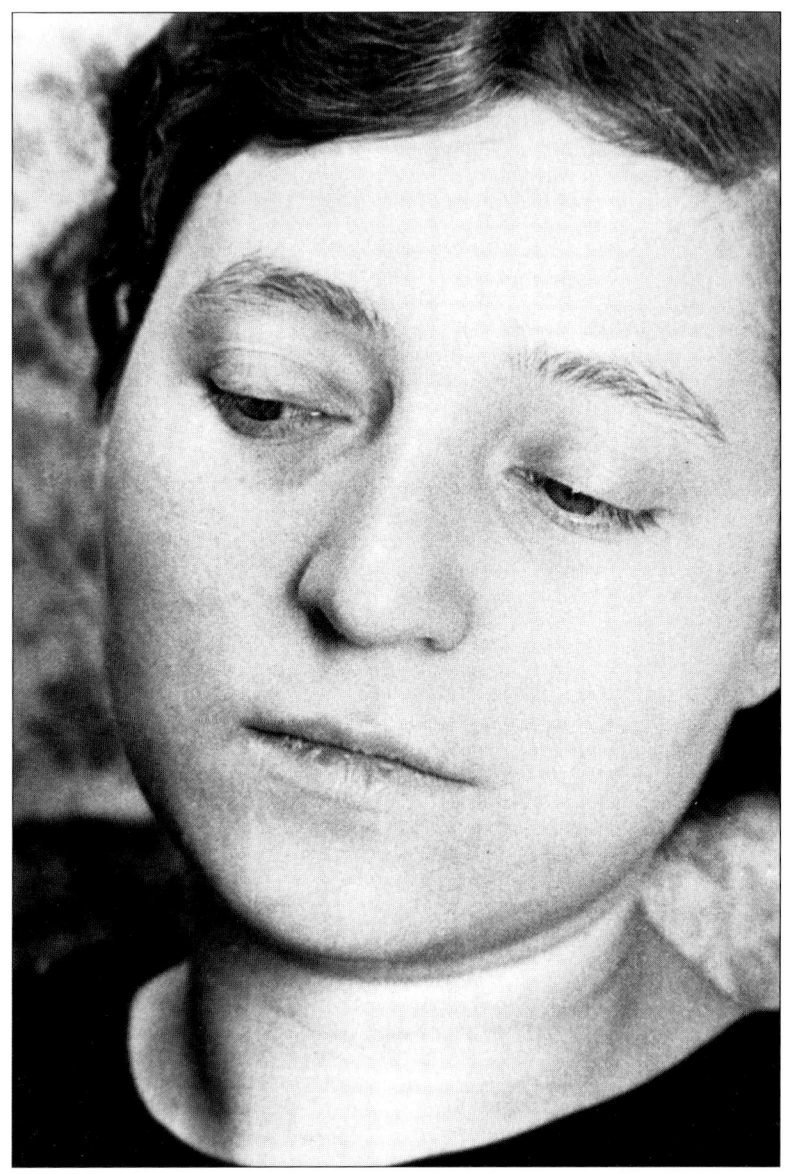

Marieluise Fleißer, 1932

Boden, versucht sie sich das Leben zu nehmen. Im Spätherbst des Jahres bricht sie ihre Zelte in Berlin ab, um nach Ingolstadt zurückzukehren.

Sie muss Abstand gewinnen von Draws, von dem sie sich in ihrer Autonomie bedroht fühlt. Aber sie bricht nicht mit ihm, sie will erst einmal nachdenken, sich mit ihm arrangieren: Draws soll ihre Interessen als Schriftstellerin weiterhin vertreten, sie wird gegen Geld für ihn Schreibarbeiten erledigen. Vielleicht stellt sich ja irgendwann doch heraus, dass sie zusammen gehören.

In diesem Arrangement zieht Marieluise keine schlechte Karte. Sie kann sich nach Hause flüchten, auch wenn es dort finanziell eng ist. Der Vater sieht sich gezwungen, jetzt, da mit ihr noch ein Esser mehr im Haus ist, von seiner Tochter Ella, die als Bankangestellte arbeitet, 25 Mark mehr Kostgeld zu verlangen. Trotz allem fühlt sich Marieluise zunächst zu Hause wieder aufgehoben.

Die Pflichten im väterlichen Haushalt lassen ihr Zeit zur Arbeit am Schreibtisch, sie tippt Draws Arbeiten, schreibt ihm seitenlange Briefe und sich in Erzählungen ihre Bedrängnis von der Seele – Erzählungen, in denen sie sich damit auseinandersetzt, welche Rolle ihr von Draws und dem früheren Verlobten Bepp Haindl jeweils zugedacht wurde. In der Vossischen Zeitung erscheinen im Lauf des Jahres 1933 *Heimkehr*, *Die Frau mit der Lampe* und *Radfahren wider Willen*.

Völlig ohne jede Parodie versucht sie nun, dem Kern dieser Beziehungen auf die Spur zu kommen, lotet aus, was im einen oder anderen Fall auf sie wartet. Nicht die Machtübernahme der Nationalsozialisten beschäftigt sie in diesen Monaten, sondern der eigene Lebensentwurf. Am 24. April 1933 gibt sie Draws das Eheversprechen zurück. Doch das hindert sie nicht daran, im Mai wieder nach Berlin zu fahren und von neuem in der Barfußstraße Tür an Tür mit ihm zu leben.

Spätestens jetzt, da viele der alten Freunde das Land schon verlassen haben, andere sich auf diesen Schritt vorbereiten, muss sie be-

Heinrich Fleißer, Anfang der 20er Jahre

*Lieber Draws,*

*Bevor ich den vielleicht schwersten Schritt meines Lebens tue, muß ich Dich meiner unverbrüchlichen Freundestreue versichern. Du schreibst in einem Deiner Briefe, daß Du die Zeit herbeisehnst, in der wir beide ein friedliches Heim haben werden. Warum täuscht Du Dich über Dich selbst? … Etwas, Draws, das stärker ist als unser ehrlicher Wille, ist in der Ehe wider uns. Ich kann Dir Treue, Liebe und Glück geben in einer wahren Freundschaft… In der Ehe kann ich Dir trotz der äußersten Anstrengungen die nicht unterlassen zu haben Du mir wohl zubilligen wirst, nur Unfrieden bringen, da du mich dauernd bis in die Wurzeln zerreibst und ich neben Dir keine Stätte finde, wo ich mein Haupt hinlegen kann. Zwar sät Deine Liebe manch gutes und wertvolles Korn. Dein unverbesserlicher Leichtsinn und die Ausbrüche deiner krankhaften Streitsucht in Verbindung mit der tyrannischsten Selbstbehauptung stampfen alles, was Du gesät, wieder ins Chaos. Es mag engelhafte Frauen geben, die in der Preisgabe ihres Selbst bis zur Zerstörung ihre Bestimmung finden. Ich kann nicht zu ihnen gehören.*

*Hemmungslos Deinen Wünschen und Bedürfnissen folgend, bereits vor der offiziellen Eheschließung ohne Scheu Deine finanziellen Sorgen auf mich abwälzend, ja durch den Verbrauch meiner Gelder die Möglichkeit der Eheschließung immer wieder hinausschiebend und sie verweigernd, hast Du mich stets aufs neue eingekreist bis zur Regungslosigkeit.*

*So muß ich Dir bei aller Güte, die für Dich in meinem Herzen wohnt, mit aller Strenge und Eindeutigkeit erklären, daß mir eine Ehegemeinschaft, wie Du sie mit mir im Brautstande durchgeführt hast, nicht zugemutet werden kann. Somit lege ich Dein mir gegebenes Eheversprechen in Deine Hände zurück; wie ich auch das meine mit dem heutigen Tage zurückziehe …*

*… unsere Freundschaft Dir wie mir eine heilige Pflicht bedeuten wird. In diesem Sinne hoffe ich auch, daß unsere Ehegemeinschaft keine verlorene war, sondern für das weitere Leben Früchte trägt,*

*Deine Dir in Freundschaft treue Marieluise*

Brief an Draws vom 24. 4. 33

greifen, dass sie nicht im luftleeren Raum lebt, dass die Politik in Verlage und Zeitungen ebenso hineinregiert wie in persönliche Beziehungen. Der Unsicherheit eines Lebens im Ausland fühlt sie sich nicht gewachsen. Sie will bleiben, hofft, sich aus der Schusslinie halten zu können, beschließt, sich um Aufnahme in die Reichsschrifttumskammer zu kümmern. Draws fährt seinen eigenen Schlingerkurs, er ist nicht der Fels in der Brandung, hinter dem sie Schutz finden kann, und seine finanzielle Lage ist katastrophal. Marieluise muss feststellen, dass sich das, was sie einst einte, dieses Gefühl gemeinsam stark zu sein, unter den Bedingungen des immer brauner werdenden Berlin in Luft aufgelöst hat. Als sie Ende Juni nach Ingolstadt zurückfährt, kann sie es noch nicht aussprechen: diese Liebe ist gestorben. Ihre zur gleichen Zeit veröffentlichte Erzählung *Die Frau mit der Lampe* endet mit den Sätzen: »So zog sie dem freundfeindlichen Manne nach, dessen Richtung sie wußte, um dem Hieb Ziel zu sein, bis der Tod sie von den Pflichten scheide. Fortan brannte die Lampe.«

Wunschdenken: der Mann, unter dessen – wenn es sein muss auch gewalttätigem – Schutz sie ›die Lampe‹ am Brennen halten kann; der ihre Fantasie beflügelt, ihr den Rücken frei hält, selbst schöpferisch tätig ist und gleichzeitig den materiellen Rahmen für ein Zusammenleben bietet.

Sie versucht, sich ein Gegengewicht zur Realität zu erschaffen. Der prüfende Blick, der ihr sonst »mit allzu grellem Schein in die Häuser der Seßhaften leuchtet« und ihr ihre Geschichten eingibt, heftet sich nun auf Geburtshoroskope, auf astrologische Studien.

Als sie im Juni 1934 Georg Hetzelein, den Freund einer Studienkollegin ihrer Schwester Anny kennen lernt, einen Lehrer aus Franken, scheint ihr diese Begegnung ein Wink des Schicksals. Hetzelein hat außer seiner Lehrerausbildung auch an der Akademie der Bildenden Künste in Nürnberg studiert, er malt und zeichnet, illustriert Bücher, seine

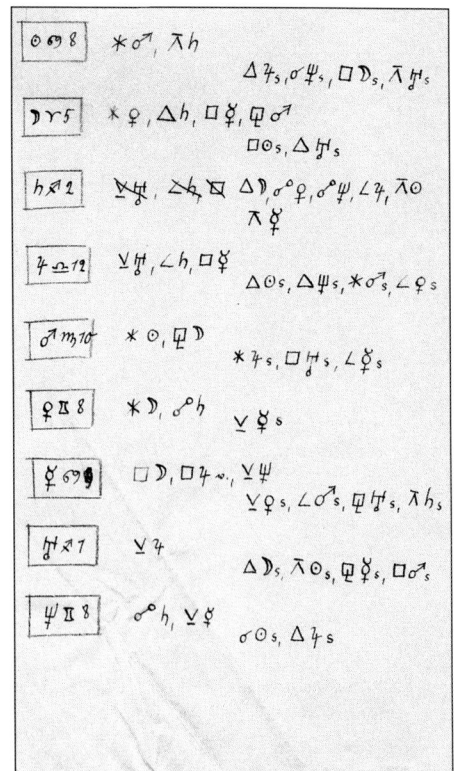

Geburtshoroskop von Bepp Haindl, von Marieluise Fleißer aufgestellt

**»Ich denke zuviel an Sie.«**

Brief an Georg Hetzelein, 26.6.1934

**»Sie Elender, mit jedem Strich, den Sie für mich tun, befeuern Sie mein Blut«.**

Brief an Georg Hetzelein, 28.6.1934

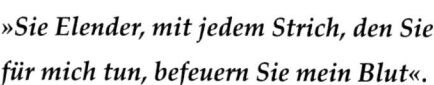

Zeichnung Georg Hetzeleins in einem Brief an Marieluise Fleißer

Kreativität zieht sie ebenso an wie seine Vitalität. Die Zeichnungen, die er ihr bald täglich schickt, sind voll sexueller Fantasien, die Geschichte beginnt sich in ihrem Kopf auszuwachsen.[9]

Noch einen Monat davor hatte sie an Draws appelliert, das zwischen ihnen bestehende Gefühl der Zusammengehörigkeit hochzuhalten. Jetzt wird sie sich darauf beschränken, die Schreibarbeiten für ihn zu erledigen, gegen umgehende Bezahlung. Ein von Draws vorgeschlagenes persönliches Wiedersehen lehnt sie ab. Sie will nicht über diese Beziehung diskutieren. Im Juli schreibt sie ihm, dass sie nicht mehr von ihm bedrängt werden möchte, nicht auf seine fordernden Briefe antworten kann, da er sie in einer Weise in die Zange nähme, die ihre Liebe tötet. Draws spricht von Beleidigungen,[10] wirft ihr in Schulmeistermanier Überheblichkeit vor und dass sie einfach zu faul sei, seine Briefe zu beantworten, zumal sie ja immer schweige, wenn ihr etwas unbequem werde; er habe es satt, sich von ihr Vorhaltungen machen zu lassen und stelle es ihr frei, sich nach einem anderen Beschützer umzusehen; einen biederen Beamten mit Pensionsberechtigung hätte sie heiraten sollen…

Kurz vorher hatte Marieluise sich selbst in einem Brief an Hetzelein als »einen Vogel, der aus dem Nest gefallen ist« bezeichnet und betont, sie sei für das Unbedingte geboren.

Dass sie dieses ›Unbedingte‹ bei Hetzelein nicht finden wird, müsste ihr spätestens klar werden, als sie bei einem Treffen im August merkt, dass der Ton zwischen ihnen ein anderer ist, als er ihr aus den Briefen entgegentönt. Aber sie will weiterhin nicht wahrhaben, dass Hetzelein nicht für sie frei ist, sondern im Begriff steht, sich mit Maria Hirscheider zu verloben. Erst bei einem zwei Monate später stattfindenden Zusammentreffen in Schwabach, wo Hetzelein und Maria Hirscheider als Lehrer arbeiten, begreift sie, dass sie sich verrannt hat. Nach einem letzten Briefwechsel im Dezember 1934 bricht der Kontakt mit Hetzelein für viele Jahre ab.

*»Mein liebes Bübchen! … Auch ich habe in den vergangenen Tagen viel und gut an Dich gedacht … Auch über die Trennung durch Raum und Menschen hinweg bleibe die innere Zusammengehörigkeit bestehen … so komme es nicht an auf den Namen und die Form, die wir ihr geben, wir wollen Gott dennoch für sie danken und nicht vergessen, dass wir aneinander eine dienende Bestimmung zu erfüllen haben. – Dieses wollte ich Dir zur fünften Wiederkehr unseres elften Mai sagen…«*

Brief an Hellmut Draws-Tychsen, 19. 5. 1934

*»Sagen Sie mir in Gottes Namen, ob Sie sich wahrhaftig getrauen, diese Flamme anzufachen. Denn ich bin nicht für den Genuß da. Ich muß zahlen mit der Münze, die mir zu eigen ist, und ich bin für das Unbedingte geboren.«*

Brief an Hetzelein 19.7.1934

*Lieber Draws,*
*Sie wollten meine Meinung über die*
*Zeichnungen eines mir unbekannten*
*Künstlers hören ...*
*Um mit der Schluss-These zu begin-*
*nen: Wenn ich in einer zu besprechen-*
*den Ausstellung die mir vorgelegten*
*Zeichnungen (...) sähe, würde ich in*
*meiner Kritik diese Arbeiten entweder*
*gar nicht erwähnen oder ihrem Schöp-*
*fer den milden Rat geben, die Öffent-*
*lichkeit mit noch nicht ausgereiften*
*Arbeiten zu verschonen ... schauerli-*
*che Phantasielosigkeit dieser Produk-*
*te, unsäglich trockene, oft gar alberne*
*Zeichnungen gemarterter Jünglinge,*
*symbolisch urinierender Buddhas und*
*unverständlichen Beschäftigungen*
*nachgehenden nackten Frauen.«*

Brief von F. R. Meunier an
Draws-Tychsen vom 11.12.1934

*Die passive Teilnahmslosigkeit, mit der meine letzten Buchpublika-*
*tionen aufgenommen worden sind, hat mir zu denken gegeben, und*
*ich halte dafür, daß dem Buch etwas Neues hinzugefügt werden muß,*
*um das Publikum aufzurütteln. Es ist mein persönlicher und drin-*
*gender Wunsch an den Gustav Kiepenheuer Verlag, – den ich Dich zu*
*übermitteln bitte, bzw. bitte mir umgehend es mitzuteilen, wenn Du*
*ihn nicht übermitteln willst, da ich dann selbst an Kiepenheuer*
*schreibe – daß mein Buch »Ein Schifflein Brüder« von den Illustra-*
*tionen eines mir bekannten und der Romantik sehr nahestehenden*
*Zeichners namens Georg Hetzelein, der mich durch seine Art zu zeich-*
*nen in einer besonderen und sonst bei keinem Illustrator erfahrenen*
*Art und Weise anspricht, begleitet sein möge. Er hat eine ihm eigen-*
*tümliche zwischen Romantik, naiver Kindlichkeit und spekulativer*
*Ironie schwebende Art, die meine Begabung zu schreiben instinktiv*
*versteht ...Doch seine Zeichnungen begleiten nicht bloß schmiegsam*
*das verstandene Wort, sondern überhöhen es und führen es weiter in*
*eine schärfere Geistigkeit hinein. Das ist der Grund, warum ich ge-*
*rade auf diesem Zeichner bestehe und mir nicht damit gedient ist,*
*wenn Herr Kiepenheuer ... mir etwa einen anderen vorschlägt. Ein*
*anderer, und wäre er noch so bekannt, wäre nämlich kein Ersatz, da*
*bei ihm das instinktive Aufeinanderansprechen der Begabungen*
*nicht vorhanden wäre. ...*

*Ich habe nämlich eine Art Aberglauben, dass mein Erfolg an den*
*Erfolg dieses Zeichners geknüpft sein wird und man soll solche inne-*
*ren Stimmen nicht verachten.*

Brief an Hellmut Draws-Tychsen, 18.11.1934

Nachdem sie von der Illusion, sich mit Hetzeleins Hilfe dem heimatlich-unheimlichen Ingolstadt entziehen und sich an seiner Seite als freischaffende Künstlerin etablieren zu können, Abschied genommen hat, unternimmt sie einen letzten Versuch, nach Berlin – und zu Draws – zurückzukehren. Anfang des Jahres 1935 verschickt sie Briefe an mehrere Verlage – u.a. an Ullstein-Propyläen – mit der Anfrage, ob man sie in ein Beschäftigungsverhältnis übernehmen könne.

Sie erhält Absagen. Auch mit den neuen literarischen Arbeiten kommt sie nicht an. Schon im Vorjahr hatte Peter Suhrkamp, der als Schriftleiter der zum S. Fischer Verlag gehörenden »Neuen Rundschau« arbeitet, die Erzählungen *Balder und Sylphide* sowie *Der Geizhals und die Tochter* als zu konstruiert und gekünstelt abgelehnt. Jetzt schickt ihr auch Wolfgang Weyrauch vom »Berliner Tageblatt«, der sie um Beiträge bat, *Die Versuchung des Neptun* und *Das Eitenzeller Kegeln* zurück. Auf die Anfrage des Dramaturgen des Deutschen Theaters Berlin, ob von ihr in Kürze eine neue dramatische Arbeit zu erwarten sei, muss sie – »Mit deutschem Gruss!« – eingestehen, sich »in den letzten Jahren ganz der epischen Kunst zugewendet« zu haben.[11]

Das ist die Situation, aus der heraus sie sich entschließt, endlich die Verbindung zu Draws zu lösen, um sich auf Gedeih und Verderb auf Ingolstadt und den Ex-Verlobten Bepp Haindl einzulassen.

Sie wird Draws ein paar Jahre später wiedersehen – und wieder einmal feststellen, dass sie diese Beziehung nicht einfach abschütteln kann. In einem Telegramm vom 11. März 1939 kündigt sie Draws in seinem Münchner Hotel Fränkischer Hof ihr Kommen für den nächsten Sonntag an.[12] Monate nach diesem Treffen, am 24.11.1939, lässt sie ihn wissen, dass sie danach krank geworden sei und auch jetzt, auf seinen tags zuvor erhaltenen Brief hin, mit einem – nicht näher erläuterten – »Anfall« reagiert habe[13] –, es stehe zwischen ihnen eben noch so viel Unbereinigtes und angehäuftes Leid.

*Ich sitze jetzt seit zwei Jahren notgedrungen in diesem Ingolstadt, das für mich keine Möglichkeiten hat, und bin im Haushalt meines Vaters und meiner Stiefmutter ein auf die Dauer ungern gesehener Gast. Ich schrecke nicht vor intensiver Arbeit zurück, wenn ich dadurch mein Brot verdiene. Ich bin Mitglied des Reichsverbandes Deutscher Schriftsteller und habe vier Jahre Universitätsstudium aufzuweisen …*

Brief an Ullstein Verlag, Anfang 1935

*Berlin, den 20. Februar 1935*
*Frau Marieluise Fleißer*
*Ingolstadt/Donau*
*Kupferstr. 18*

*Sehr geehrte Frau Fleißer!*
*Ihr an Herrn Dr. Krell gerichtetes Schreiben wurde an uns weitergeleitet. Wir haben uns nach einer Beschäftigungsmöglichkeit in unserm Hause umgesehen, müssen Ihnen aber leider mitteilen, daß im Augenblick ein für Sie geeigneter Posten nicht frei ist. Wir bedauern sehr, Ihnen keinen besseren Bescheid geben zu können.*

*Heil Hitler*
*Ullstein, Personal-Verwaltung*

# ARCADIA VERLAG
## GESELLSCHAFT MIT BESCHRÄNKTER HAFTUNG

BANKKONTO: Bett, Simon & Co., Berlin W 8, Mauerstraße 53 / POSTSCHECKKONTO:
Berlin 25054 / TELEGRAMME: Arcadiaverlag / FERNSPRECHER: Amt Dönhoff 8059

*17. Juni erledigt.*

**BERLIN SW 68**
CHARLOTTENSTRASSE 7-8
28. Mai 1930

Dr.H/Sa 81

Frau

Marieluise F l e i s s e r

zur Zeit: La Vella , Fonda Calones /Republik Andorra
- - - - - - - - - - - - - - - - - - - - - - - - - - - -
Via Espana (Seo de Urgel)

Sehr geehrte Frau Fleißer!

Bezugnehmend auf Ihr Schreiben vom 12. ds. Mts. und Ihre Karte vom
19. Mai 1930 teilen wir Ihnen mit, daß wir die Ansichtskarte, von der Sie
sprechen, nie erhalten haben. Wir sandten Ihnen (zuzüglich Spesen) am
17. ds. Mts. RM 312.25 = Pts. 590.—-
26. ds. Mts. RM 310.95 = Pts. 560.—-
Sie werden wohl inzwischen beide Beträge (Mai- und Junirate) erhalten haben.

Erlauben Sie uns die Frage, wann wir mit "Tiefseefisch" rechnen
können? Wir werden von vielen Theatern mit Anfragen bestürmt.

Schließlich setzen wir Sie noch davon in Kenntnis, daß in den nächsten
Tagen in Wien die Premiere von "Pioniere" durch die Gruppe junger Schauspiele
stattfindet.

Mit vorzüglicher Hochachtung
**ARCADIA VERLAG**
G. M. B. H.

III, 1930, 22 NN

Brief des Arcadia Verlags an Marieluise Fleißer, 28.5.1930

Draws hatte ihr offenbar mitgeteilt, er wolle ihre Einladung annehmen und für einige Tage auf Besuch kommen, denn sie antwortet, da ihr Mann dies nicht wünsche, könne sie diese Einladung nicht aufrecht erhalten. Bücher, die Draws bei dieser Gelegenheit von ihr zurück haben wollte, schickt sie ihm, nicht aber einen blauen Glaswürfel, den er ihr vor Jahren geschenkt hatte –, sie wolle sich, schreibt sie, vorläufig noch nicht davon trennen. Auch mit Blick auf ihre Gesundheit möge Draws seinen Besuch lieber auf ein paar Stunden beschränken … Seine Briefe habe sie, seinem Wunsch gemäß, herausgesucht –, er könne sie abholen, obwohl er ihr damit das Letzte nähme, was ihrem Herzen teuer sei.[14] Draws kommt nicht nach Ingolstadt. Aber ein Jahr darauf, mit Brief vom 15.11.1940, verlangt er definitiv die Rückgabe seiner Briefe, droht sogar, sich an einen Anwalt zu wenden.[15] Dieser Brief ist aus Wien geschrieben, zu einem Zeitpunkt, da die ehemals Liebenden sich in der selbstgewählten »inneren Emigration« so weit voneinander entfernt haben, wie die schlimmsten Zeiten ihrer Beziehung es niemals hätten vermuten lassen.

Draws, dem man seine Verbindungen zu nationalsozialistischen Kreisen vorwirft, seine öffentlichen Angriffe auf Brecht, den er 1930 in einem Rundfunkvortrag anmaßend als »elenden Literast, der sich nunmehr noch zum Schirmherr junger Begabungen aufwirft« beschimpfte; Draws, dessen in dieser Zeit veröffentlichte Gedichte nicht zu Unrecht nur geringe Resonanz finden, überträgt Dichtungen aus Siam, Hawaii, Samoa, aus Spanien, Ungarn, Schweden und Norwegen ins Deutsche. Er veröffentlicht Sammlungen von lettischen, estnischen und litauischen Märchen und tritt im Verlauf des spanischen Bürgerkriegs für Basken und Katalanen ein. Er wird wiederholt kurzfristig durch die Gestapo festgenommen und 1938 aus der Reichschrifttumskammer ausgeschlossen.

Dass er sich offen auf die Seite der baltischen Völker stellt, setzt ihn endgültig auf die schwarze Liste. Er flieht durch die Tschechoslowakei

Eine Gartengesellschaft bei Hellmut
Draws-Tychsen 1927 mit siamesischen
und deutschen Diplomaten, Forschern
und Filmleuten

Hellmut Draws-Tychsen,
Meer-Gedichte, 1945

nach Ungarn, wird aber schon bald verhaftet, entkommt in die Slowa-kei, wird nach Wien abgeschoben und dort zu Gestapo-Spitzeldiensten verpflichtet, die er jedoch nicht im Sinne des Führers betreibt. In diese Zeit fällt offensichtlich das Münchener Treffen mit Marieluise. 1942 wird er im KZ Sachsenhausen interniert, von wo er weiter nach Mauthausen deportiert und erst bei Kriegsende befreit wird.[16]

Später verwaltet er den Nachlass des Dichters Ernst Wilhelm Lotz und den des ehemals von Herwarth Waldens ›Sturm‹-Kreis hochge-schätzten, als Vorbild des Berliner Frühexpressionismus geltenden Paul Scheerbarth. Er veröffentlicht u.a. eine Sammlung *Meer-Gedichte* – de-ren Sprache immer noch nicht in der Moderne angekommen ist – und *Gesammelte Kleine Studien zur neuen spanischen Kulturkunde,* reist, hält sich 1957/1958 im Libanon auf, arbeitet als Publizist. 1963 wird er anlässlich von Marieluises eben erschienenem Band *Avantgarde* eine peinlich persönliche Kritik in der Stuttgarter Zeitung veröffentlichen: ›*Marieluise Fleißer rediviva?*‹ – nicht nur Marieluise leckt lebenslang die in dieser Beziehung empfangenen Wunden …

Marieluise Fleißer, 1946

# Um-Stellung

## oder: »Zwischen zwei Menschen, die zusammenbleiben, wird immer ein Bruch sein, der nie aufgeht«

Am 14. September 1935 heiraten Luise Marie Fleißer und Josef Haindl in Ingolstadt standesamtlich, am 15. September mit dem Segen der Katholischen Kirche.

Marieluise kennt Josef »Bepp« Haindl inzwischen lange genug um zu wissen, dass sie und er grundverschiedene Charaktere sind, dass sie sich auf eine Bindung einlässt, in der es zwar emotionale, jedoch keine intellektuellen Berührungspunkte und kaum gemeinsame Zielvorstellungen gibt. Aus ihrer Erfahrung mit Draws weiß sie, dass sie dazu neigt, im engen Zusammenleben die eigene Position aufzugeben.

Haindl hatte bereits während seiner Schulzeit immer im Tabakwaren- und Spirituosengeschäft seiner Eltern mitgearbeitet, nach der Volksschule absolvierte er eine Schlosserlehre bei Marieluises Vater. 1928 machte er sich mit einem Tabakwarenladen selbständig. Er ist ein begeisterter Sportler, Schwimmer und Naturliebhaber.

Lebenspraktisch ist er, hasenschlau und so mutig, dass es der Autorität »die Sprache verschlägt« – so charakterisiert seine Frau ihn in *Eine ganz gewöhnliche Vorhölle.*[1] Er ist einer, der im Krieg nicht wegläuft aus einsturzgefährdeten Zimmern, denn »wer sollte dann löschen«.[2] Ein Lebensretter, ein Rettungsschwimmer.

Marieluise Fleißer – die Schriftstellerin mit dem unabgeschlossenen Studium, eine Dramatikerin, die in Ingolstadt mit dem Theaterskandal eine öffentliche Person wurde; eine Frau, die durch die Beziehungen zu Weicker, Brecht und Draws ›kein unbeschriebenes Blatt‹ mehr ist, zweimal verlobt und wieder entlobt. Mittellos zurückgekehrt in das Haus ihrer Kindheit, wird sie 1933 erneut wegen der ›Pioniere‹ politisch angegriffen, im Februar durch den ›Völkischen Beobachter‹: »Holdem Frauenmund entschlüpfen hier roheste Gemeinheiten.«[3], im Juli anlässlich des Pionierfestes in Ingolstadt vom Ingolstädter Donauboten;

*»…wie stellen es zwei Menschen an, wenn sie ihr Leben lang zusammen bleiben wollen. sehr viel guter Wille gehört dazu. Ehe ist die Bereitschaft zwischen verschiedenen Ansichten eine stets lebendige Einigung zu erzielen.«*

*»Er weiß mit Tieren, Bäumen, Flüssen, schwierigen Brückenübergängen Bescheid. Er wäre in keinem Urwald, auf keiner einsamen Insel verloren.«*

Haindl (Mitte) mit Schwiegervater und Schwager

Der Empfang von Stabschef Röhm am 5. 5. 1934 in Ingolstadt.

*In den ersten Monaten der Umstellung hatte ich absolut Ruhe, aber seit ein paar Monaten flackert es da und dort auf, woran übrigens die hiesige Presse keinen Anteil mehr nimmt. Bereits kann ich drei gute hiesige Lokale nicht mehr betreten, da ich dort in skandalöser Weise angerempelt worden bin und meine ruhige und bescheidene Anwesenheit als Provokation empfunden wurde … Ich habe das Empfinden, daß sich hier etwas anspinnt, das sich in einer Kleinstadt auswachsen kann, wenn man nicht eine geeignete Form findet ihm entgegenzutreten …*

Brief an Draws, 19.5.1934

**»Meine frischgebackene Nichte hat mich sichtlich in ihr unwissendes kleines Herz geschlossen… Gestern habe ich, weil es mir Spaß machte, zwei Stunden lang den Kinderwagen geschoben, aber in einem so forschen Tempo, daß die guten Mainburger mit ihren verdächtigen Seitenblicken mich zum mindesten für eine recht hypermoderne Kindsmutter hielten, zumal ich meinen langen schwarzen Herrenmantel anhatte.«**

Brief an Draws, 25.10.1932

Marieluise Fleißer, 1931

die Münchner Post meldet, dass die *Pioniere* verbrannt worden seien.

Davor, dass es politisch für sie brisant werden könne, hatte der Vater sie schon 1932 gewarnt.

Es wird täglich bedrohlicher, politisch wie finanziell.

Marieluise ist 34, und seit längerem setzt sie sich mit Ehe und Mütterlichkeit auseinander. Schon vor der endgültigen Trennung von Draws hatte sie deutlich gemacht, dass sie ihn sich nicht als Vater ihrer Kinder vorstellen könne.

Bei ihrer Rückkehr nach Ingolstadt ist ihre Schwester Jetty schon seit einem Jahr verheiratet und hat ein kleines Kind. Ihre Schwester Ella heiratet den Bankbeamten Gustl Gültig und zieht ins Allgäu, auch der Bruder Heinrich wird 1936 heiraten.

Vielleicht wollte Luis nicht ›als einziges Kind‹ zu Hause bleiben, vielleicht hat sie sich von der Verbindung mit Haindl versprochen, ihrer Umstellung wie ihrer Einsamkeit zumindest partiell zu entgehen. Ein Schutz im provinziellen Alltag ist die Heirat zunächst auf jeden Fall.

Als Marieluise sich 1928 zum ersten Mal mit Haindl verlobte, schuf sie sich mit diesem Schritt eine Art Gegengewicht zu ihrer Lebenssituation in der Großstadt, zur Kälte der Konkurrenz um die Anerkennung als Dichterin wie als geliebte Frau (im Pulk der Brecht-Mädel), und die Rückversicherung und Teilhabe an ihrer ›Heimat‹. Bepp wurde zur Inspiration für die Figur des Gustl im Roman *Mehlreisende Frieda Geier*, später für den Nickl in der 1963 veröffentlichten Erzählung *Avantgarde*.

Mit Bepp Haindl verbindet sie außer der Vertrautheit des Ortes und seiner Menschen das Erleben von Natur, von Sexualität, sie genießt, dass er sich um sie kümmert.

Bei der ersten Verlobung 1928 ist es für Bepp eine Liebesbeziehung von Herzen, eine sexuelle Attraktion. Ihn reizte das Andere.

Er schreibt ihr liebevolle Briefe nach München und Berlin, lange Briefe, in denen er seine Liebe und seine Sorge um sie zum Ausdruck

*»Hier gibt es viele Hitler, wenn es einmal kracht, wehe dem Hause Fleißer.«*
Brief von Heinrich Fleißer, 12.2.1932

*»Ich suche in der Ehe nicht den Geliebten, sondern den Vater, dem ich die Sorge für meine Kinder anvertrauen kann.«*
Brief an Draws vom 4.4.1933

*»Sie kannte die Freiheit in ihrem Leben, die Künstler.« Nun zieht es sie zu Nickl, der daheim »noch warm wie ein Junges im Nest« lebt.*

*»Ich bin ein einfaches Kind aus dem Volk mit einem noch stark entwickelten Nestinstinkt.«*
Brief an Draws, 27.2.1933

Der ehemalige Tabakwarenladen
Haindl, Theresienstraße

*Marieluise Fleißer: Mehlreisende Frieda Geier, 1931*

*Seht, seinerzeit hat er ehrlich verzichtet, sich eine reiche Braut ange-
deihen zu lassen. Er wählte ausschließlich nach seinem Herzen… Der
harmlose Gustl.. er ist ja nicht hermetisch abgeschlossen von jenen,
die dem Vorrecht des Mannes frönen, er hat seine Erfahrungen darin,
wie andere ihre Ehe aufbauen. Die Stimme der Gewohnheit sagt ihm,
daß Hochzeiterei ein ewiger Kuhhandel sei. … Der arme Naturbur-
sche und gefangene Löwe strebte nach Höherem in seiner Gefährtin.
Er wollte über seine begrenzte Veranlagung hinaus. Ihn reizte der zu-
sammengesetzte Charakter, der ihm Rätsel aufgab. Sein ökonomi-
scher Alltag erteilt ihm die Lehre, daß er eine andere Frau braucht.*

Marieluise
Fleißer und
Bepp Haindl,
zur Zeit ihrer
Verlobung 1928

bringt – der Schlosser, der Tabakwarenhändler, der sich nach dem Fortgang des literarischen Werks erkundigt und für sie aus der Zeitung die ›Umfeld-Story‹ ausschneidet: Berichte über Feuchtwangers *Kalkutta,* über Brechts *Dreigroschenoper.* Er will wissen, ob sie gut und genug isst, ob sie an der frischen Luft ist, nicht zu viel arbeitet, ihren Körper ›in Haltung‹ hält. Er fährt mit ihr in Urlaub, macht Ausflüge mit ihr nach Starnberg, München, Nürnberg, Regensburg. Er überweist ihr Geld, wenn sie ganz dringend etwas braucht. Er bietet ihr in Ingolstadt ein sonniges Zimmer zum Schreiben an. Er versucht – gegen sein Interesse – Verständnis für ihr Fernbleiben zu entwickeln, er erinnert sie an ihre Familie, den Vater, der auf Post von ihr wartet. Und: die Vorschläge, die er hinsichtlich ihres Zusammenlebens macht, muten für einen provinziellen »Nussknacker«[4] doch reichlich ungewöhnlich an, denn immerhin erwägt er die Möglichkeit, sich in Berlin nach einer Arbeit umzusehen, damit sie die Anregungen für ihr Schreiben nicht missen muss, und stellt sich auch vor, dass immer wieder Phasen der Trennung auf Zeit notwendig sein werden.

Dass es schwer sein würde, Schriftstellerin und ›normale‹ Haus- und Geschäftsfrau zu vereinen, war Bepp Haindl durchaus klar.

»Es sind eben zwei Welten« (Frieda Geier), und Marieluise sucht nicht nur den Mann, der sie schützt und sich kümmert, sondern immer auch den, der sie bis hin zur Bannung und Zähmung beeindruckt.

Nach dem Theaterskandal 1929 um die Aufführung der *Pioniere,* nachdem Marieluise in der Ingolstädter Presse massiv angegriffen wurde, hatte er zu ihr gehalten, ihr eine Lebensalternative angeboten. In Treue fest hatte er mit ihrer Rückkehr nach Ingolstadt gerechnet.

Dass sie ihm den Laufpass gibt, das ›Nest‹ in Ingolstadt ablehnt, und sich unmittelbar darauf mit Draws verlobt, muss Haindl zutiefst verletzt haben.

*»... denn die schönen tage des zusammenseins liegen doch wieder im Hintergrund, leider sind unsere zwei Tätigkeiten so weit entfernt oder zum Glück! Ja mein Punny, wir werden schon einen Ausweg finden wenn Du wieder hier bist, dann werden wir schon was gescheites herausfinden gehen wird ja schließlich alles wenn man will ...«*

Bepp Haindl an Marieluise Fleißer, Brief vom 7.5.1929

*»Wenn du kommst, das kann ich Dir nur im eigensten Interesse empfehlen, teile mir Deine Ankunft mit. Dann wirst du sicher keine Anpöbelung erfahren«*

Bepp Haindl an Marieluise Fleißer, 1.7.1929

*Meine Luisi,*

*wirf Deinen Kummer von Dir mein armes Herz Du hast mich und wenn wir tausend Jahre alt werden Du warst und bist mir zuviel in meinem Leben ich bin allein schon froh weil ich wieder einen Brief erhalten hab ... Luisi weiss doch, dass sein Bepp treu ist und zäh er beisst sich schon durch er wird immer auf sein kleines Punnylein warten, dass sich nicht härmen und krank werden darf weil sonst Bepp auch krank wird vor Kummer ...*

*ich hab von Dir Liebe bekommen und hab von Dir lieben gelernt, das ich nie für möglich gehalten hab ich küsse Dich und schlaf gut.*

*sei so gut und schike mir einen Band von deinen Novellen wenn sie herauskommen.*

Bepp Haindl, Brief vom 4.5.1929

*Marieluise Fleißer, Mehlreisende Frieda Geier, 1931*

›Ich bin schuld‹, sagte Frieda entschlossen, ›um mit mir zusammenzusein vernachlässigst du den Sport, daß es eine Art ist. Werden uns wenig sehn und du wirst deine freie Zeit an dein Training wenden.‹ Gustl schüttelt wieder den Kopf, hat kein Schmalz. Er ist nicht Nurmi, der das Unglaubliche wahr macht. Er ist Fachmann und nicht mehr ... Es stört sie, daß er niemals mehr bei ihr erreicht, als sie ihm freiwillig gibt. Er wird ihr nicht Herr. Wie nun, wenn sie bodenlos stolz und es erst dann nicht mehr sinnlos wäre, einem Mann zu Gefallen zu leben, falls er die Fähigkeiten besäße, sie niederzubrechen, ihren Widerstand aufzuzehren? ... Und er hat doch keine Autorität bei Frieda, wird sie niemals haben. Es ist ein zu ungleiches Paar.

Wie er wohl 1935, inzwischen 37 Jahre alt, hier wieder anknüpfen kann? Aus Marieluises Äußerungen kann nichts dazu gelesen werden. Eine direkte Aussprache ist ihr wohl immer schwer gewesen. Sie verdrängt lieber und arbeitet das Erlebte im nachhinein literarisch auf. Haindls Enthusiasmus, mit dem 1929 vielleicht ein bemerkenswertes Lebensarrangement hätte entwickelt werden können, ist sicherlich gebrochen.

1934 entstanden Erzählungen, die die Beziehungen zwischen Männern und Frauen als Jagdszenen thematisieren, Geschlechterrollen scheinen getauscht, die Frau ist nicht Opfer, sondern Jägerin, Verwunderin.

*»Kein Blick in die Weite... es ist eng geworden um mich, die Luft fehlt mir zum Atmen.«*

Jetzt, 1935, ist die Pionierzeit von Frieda Geier nicht nur lebens- und beziehungsgeschichtlich ›passé‹, sondern auch politisch und zeitgeschichtlich. Der Nationalsozialismus sieht programmatisch die Rolle der Frauen als Mütter, als Produzentinnen zukünftiger Kämpfer.

Dass Bepp Haindl ihr trotz allem, was war, 1935 einen Heiratsantrag macht, hält Marieluise angesichts der bedrohlichen politischen Situation für verrückt. Ein ungutes Gefühl, vielleicht auch Schuldgefühle bilden einen Teil des emotionalen Bodensatzes dieser Ehe. Statt durch lebendige Einigungen wird sie durch Vertragsverhandlungen geprägt. Bis Haindl 1958 stirbt – an einem kranken Herz –, wird immer um die Verteilung von Zeit und Geld gerungen.

*»Was nützt der Frau alle eigene Entwicklung, wenn sie letzten Ende auf die patriarchalischen Methoden einer Lebensgemeinschaft angewiesen bleibt, die eine rückläufige Bewegung bei ihr erzwingen? ›Es wird Zeit, daß die Männer sich anders einstellen‹, behauptet Frieda, fühlt sich als weiblicher Pionier.«*

Eine gemeinsame Wohnung in der Neuburgerstraße, ein Laden in der Theresienstraße – eine Ehe und ein Geschäft.

Sie heiratet ›wirklich‹ – sie macht Ernst, auch wenn sie kaum die Hoffnung hat, mit diesem Ehemann eine Chance auf eine einvernehmliche Lebensgemeinschaft zu haben.

»Ernst machen« ist für Marieluise Fleißer im doppelten Sinne ernst, enge Beziehungen erlebt sie als wahrhaft mörderisch.

Sie beschreibt sie auch so, lässt Gustl in *Frieda Geier* und Nickl in *Avantgarde* auf die Absicht der Frau, sie zu verlassen, mit Mordab-

# Marieluise Fleißer: Frigid, 1934/1972

Heiraten, sagte das ehemals reiche Mädchen und strich mit der Hand über die Tischplatte, nein heiraten möchte ich nun nicht mehr. Ich kann mir nicht vorstellen, wen ich heiraten sollte …

Mein Herz ist unverbrennbar geworden …

Einen von euch heiraten müssen, geht doch, ich lache. Valentin heiraten, ja! Das war etwas anderes. Ihn wollte ich heiraten. Für ihn wollte ich mich verzehren, später einmal, wenn wir erst verheiratet wären. Zuvor wollte ich mein Leben genießen und frei sein … Ich war sieben Jahre lang so daran gewöhnt, daß sie (seine Flamme) für mich da war, daß ich es nicht einmal mehr merkte. Als es mit einem Schlag finster wurde, begriff ich, was ich an ihm verlor …

Er ist meiner Macht entrissen. Und wo ich sonst ihn beherrschte mit hochmütigen Worten und ihn nach seinem Zorn zu mir zwang mit einem plötzlichen Wechsel, mit einem Versprechen, das ich nicht einhielt, mit Tand aus einem verwöhntem Herzen, wo ich ihn sonst jagte mit meinem Spiel, da ist die Stelle ganz leer … Einen, der an Angina starb. Damals, als er es verlangte, als er sechsundzwanzig Jahre alt war, da hätte ich ihn heiraten müssen. Aber da wollte ich nicht.

Ich werfe ihn weg, und mir ist zumute, als ob ich ein Wild gestellt hätte. Jägerin in einem Traumwald bin ich …

Ich wußte, wenn ich es gar zu toll treibe und stürze, dort ist ein zuverlässiges Netz, das mich auffängt. Deswegen habe ich es doch bloß so toll getrieben. Ich will doch sehn, dachte ich, wie weit so was vorhält. Der Reiz lag im Ungewissen.

Ich sagte nicht ja und nicht nein. Ich war wie ein böses Kind. Daß er einsam wurde durch mich, damals habe ich es nicht begriffen. Ich trat darauf, absichtlich trat ich auf die glühende Schrift seines Herzens.

Er hätte eine andere Frau verdient und nicht mich.

sichten reagieren. Auch in der engen Lebens- und Liebesbeziehung mit Draws-Tychsen spielte, wie ihre Vorarbeiten zum *Tiefseefisch* zeigen, die Bedrohung durch den Mann, der mögliche Mord, eine Rolle.

In ihrer Ehe mit Haindl wird der enge Zusammenhang von Liebe und Gewalt 1938 sichtbar, als sie ihren Mann bei der Kreisleitung der Partei anzeigt. Nervenstörungen und ihr Gefühl, eingesperrt zu sein, neben sich zu stehen, lassen sie einen seltsam verdrehten Fluchtweg wählen. »Beim ersten Atemzug forderte ich es schon. ›Sie müssen mich in Schutzhaft nehmen,‹ fuhr ich ihm hin, ›mein Mann bringt mich um.‹«[5] Schutzhaft hätte für sie als politisch unliebsame Schriftstellerin durchaus sehr gefährlich werden können, lebensbedrohlich. Sie bleibt davon verschont, als schizophren wird sie drei Monate in der Nervenheilanstalt Neufriedenheim ›behandelt‹.

Nähe und enges Zusammenleben scheinen ihr mörderisch, Liebe und Bedrohung ineinander verschränkt.

Die Kriegsjahre, in denen sie »eingeengt in vier Wände in ewiger Aschenbrödelei an derselben spießigen Häuslichkeit herumkauen mußte«, verschlimmern diese Gefühle.

Dass sie selbst solche Gefühle auslöst, erschreckt sie zutiefst. In der Regel ist sie diejenige, der von den anderen etwas ›angetan‹ wird. Tatsächlich wirft Haindl ihr bei einem ihrer vielen Versuche, sich von ihm scheiden zu lassen, vor, sie bringe ihn um.

Eine Wohnung für sich allein wird nach dem Tod ihres Mannes ihr größtes Gut.


Bei der Einwilligung zur Hochzeit hatte sie sich ausbedungen, dass sie Zeit für sich, Zeit zum Schreiben habe würde. Die Vertragsverhandlungen zwischen den Eheleuten Fleißer-Haindl drehen sich um Zeit, Arbeit und Geld. Sie tut sich schwer mit den Zahlen, der Ware und den Kunden. Sie kann die Ware nicht auseinanderhalten, sich die gestaffelten Rabatte nicht einprägen.

*»Die Reaktion meines Mannes, der mir jetzt vorwirft, dass ich ihn umbringe, hat mich besonders erschreckt und die ganze Last der Verantwortung ist mir wieder auf die Seele gefallen.«*

Brief an Dr. Listl, 11.12.1955

*»Ich hab halt da so die Geschäftsfrau spielen müssen, das hat mir garnicht gelegen und die Kundschaft hat mich nicht mögen, die haben gesagt, die steht im Laden wie eine Königin – das habe ich nicht gewußt …«*

*Marieluise Fleißer: Avantgarde, 1963*

*Gegen das Licht sah sie nur seinen Kopf, nicht das Gesicht. Aus dem dunklen Kopf kam die Stimme: ›Steckst du den Ring wieder an?‹ Er setzte ihr das Messer an auf der nackten Brust über dem Herzen, hart bohrte die Spitze, in das Gebohrte würde er stoßen. Sie sah dem dunklen Kopf an, daß er es tat. Grausam wurden seine Sinne verwirrt, in der Falle waren die zwei. In der Falle sah sie auf einmal ganz hell, sie*

Familie Haindl, Verlobungsfeier 1928

*mußte denken für zwei. Sie wußte, dies war ein Mann, von der Liebe geschlagen. Sie wollte sich fürchten, verhielt aber die Furcht. Hätte sie sich ihm im kleinsten entzogen, hätte sie es ohnmächtig auch nur versucht, sie wäre schon tot … Das Messer legte er erst wieder weg, als sie den Ring sich anstecken ließ … Ich sitze auf dem Schoß von einem verhinderten Mörder fiel es ihr ein. Er hatte ihr Vollmacht erteilt, bevor er wegfuhr daheim, war dann hergefahren mit einem Messer, umbringen wollte er sie, und hatte es geplant, nicht umsonst hatte er sein Messer so gut versteckt. Er hatte ihr Vollmacht erteilt bei seiner Bank, gleichzeitig wollte er ihr ans Geld, das sie doch verdient haben mußte mit diesem Stück, und brachte mein und dein immer durcheinander.*

1937 führen die Verhandlungen mit ihrem Mann zu einem Kompromiss: sie muss nicht mehr ins Geschäft, macht aber den Haushalt und die Buchführung. Sie versucht verbissen, die neu errungene Zeit schreibend zu nutzen, beginnt die Recherchen für ein Drama über den traurigen König Karl Stuart. Sie empfindet ihre Situation insgesamt als ausweglos und abschnürend; sie kann kein eigenes Geld mit ihrer schriftstellerischen Arbeit verdienen, hat Angst davor, politisch aufzufallen, auch wenn sie Mitglied im Reichsverband Deutscher Schriftsteller ist, auch wenn ihr Mann sie schützt.

Den Nervenzusammenbruch im Sommer 1938, die Halluzinationen, die Monate in der Nervenklinik, verarbeitet sie in der Erzählung *Die im Dunklen.*

Der Arzt in der Geschichte nimmt – wie in ihrem wirklichen Leben – dem Ehemann das Versprechen ab, sie schreiben zu lassen. Nach ihrer Rückkehr weigert sie sich standhaft, wieder ins Geschäft zu gehen. Ihr Mann sucht sie daraufhin mit Büroarbeit zuzudecken, für sich selbst könne sie schließlich auch nachts schreiben.

1942 bekundet sie in Briefen an Freunde offen manifeste Scheidungsabsichten. Ihre Beziehung scheint sie fast mehr zu beschäftigen als Krieg und Faschismus.

Zunächst wird sie allerdings mit den Auswirkungen von Krieg und Rüstungsproduktion ganz unmittelbar konfrontiert. Nach einem Führererlass vom 13.1.1943 sollten durch Zwangseinweisungen von Zivilpersonen in die Rüstungsindustrie Wehrtüchtige für den Fronteinsatz freigesetzt werden. Am 18.2.1943 wird Goebbels im Berliner Sportpalast vom »totalen Krieg« reden.

Marieluise wird direkt Anfang des Jahres in den »Kriegseinsatz« bestellt. Zunächst kämpft ihr Mann um sie – er sieht nicht ein, dass der Staat tun kann, was ihm der Nervenarzt verbot: sich die Arbeitskraft seiner Frau aneignen. Vergeblich. Sie wird zu einer Untersuchungskommission eingezogen, die in einem Rüstungsbetrieb Materialprüfungen

*»Wenn man nur einigermaßen einen Sinn für Natur und Wahrheit hat, so versteht es sich von selbst, daß eine Ehe, die nichts taugt, aufgelöst werden muß… Es gibt nichts Schlimmeres als ein freudloses Leben, und es ist die Hölle, wenn man durch eine Institution dazu verdammt ist. …heraus aus der Ehe, um sein Leben neu zu begründen und der Einsamkeit in der Zweisamkeit zu entrinnen!… Die Ehe ist keine Rettungsanstalt.«*

Antwortbrief von Johannes Müller auf Fleißers Scheidungsabsicht, 8.7.1942

## Marieluise Fleißer: Die im Dunkeln, 1965/1966

Brief an Hermann Kesten, 1965

Mir war nichts von meinem eigentlichen Leben geblieben. Die ich liebte, waren im Ausland, alle waren sie fort. Von den Spruchbändern fiel das Leid auf mich herunter… In einer Spalte der Verlorenen hau-ste ich, und es spielte sich vor dir ab und dir, seines Bruders Hüter war keiner. Die Stunden wurden ein Kapitel, das mir nicht zustand. Mir waren meine bitter nötigen Stunden genommen. Ich mußte mich plündern lassen und schrumpfen, ich kämpfte um einen ungenügen-den Rest, daß er mir blieb…

Der Nickl war falsch geworden. ich hatte ihm mit der Heirat ver-traut, gleich danach wurde er falsch.

Ich muß nichts zu tun haben mit seinem Geschäft, das machen schon die anderen, hatte er mir versprochen, als er sah, anders wil-ligte ich nicht ein und nie. Ich willigte ein, weil ich glaubte. Da hat-te er mich, aber mich hatte der Schrecken.

Daß er falsch wurde, dazu wurde der Nickl durch seine Lage ge-zwungen, soviel sah ich dann selber. Es hatte uns beide gewürgt.

Familie Fleißer 1939.

Sitzend von links: Ruth Fleißer, Maria und Heinrich Fleißer, Hilde Fleißer, Ella Gültig.

Stehend: Heiner Fleißer, Otto und Jetty Hierl mit Tochter Elli, Marieluise Flei-ßer und Bepp Haindl

vornimmt. Da sie politisch in besonderem Scheinwerferlicht steht – man kennt sie als die Fleißer, die die *Pioniere* geschrieben hat – wird sie nur als Hilfsarbeiterin eingesetzt. Zusätzlich muss sie noch samstags Dienst machen – sie putzt und wird dabei Objekt eines voyeuristischen Feldwebels.[6] Sie traut sich nicht, sich dagegen zu wehren, da sie sonst ›schon auf der Rolltreppe war, die mich erst im KZ wieder ausstieß.‹ Die Arbeit in der Rüstungsfabrik und die durch die Kriegssituation noch anstrengendere Hausarbeit zerren an ihren Nerven. Als sie zusätzlich noch Aufgaben als Luftschutzwart übernehmen soll, droht ein erneuter Nervenzusammenbruch.

Haindl, der merkt, wie gefährdet ihre Lage ist, rettet sie vor Nervenklinik und Lager. Der Ehemann gewinnt gegen das System.

1945 wird Bepp Haindl noch eingezogen. Zusammen mit anderen Luftschutzkameraden wird er der SS zugeteilt, obwohl er niemals Parteimitglied war.

Kurz vor Kriegsende schlägt in das Wohnhaus an der Roseneckstraße, wo die Heindls seit 1939 wohnen, eine Bombe ein, ein Teil ihrer auf der Straße stehenden Habe wird geplündert – sie wohnen ein Jahr lang ohne Dach. Haindl hatte seiner Schwester die Warenbestände seines Geschäfts in Obhut gegeben; als dann bei Kriegsende Plünderungen zu befürchten sind und Zigaretten zur ›neuen Währung‹ werden, wird der Schwester die Sache zu heiß. Marieluise muss versuchen, die Geschäftsbasis für die Zukunft zu retten. Dies misslingt ihr gründlich, sie wird wegen angeblichen Zigarettenschwarzhandels verhaftet, und das Muster von retten und gerettet werden bleibt, wie es war: Bepp Haindl kommt zurück, findet sie im Gefängnis vor und muss sich anstrengen, sie zu befreien. Er legt die ärztliche Bescheinigung von 1938 vor: Schizophrenie. Ausschlaggebend für die erfolgreiche ›Befreiung‹ ist dann nicht zuletzt, dass er einen Amerikaner vor dem Ertrinken bewahrt. Nicht befreien kann er die – zu Unrecht – beschlagnahmte Ware, an der jetzt sein Geschäftsherz hängt.

*»Drei Stunden Schlaf auf die lange Dauer waren für mich zu wenig. Ich konnte nicht heraus aus der Pflicht. Die Doppelbelastung rieb mich auf, der Kampf mit dem Verschleiß, weil Socken, Strümpfe, Wäsche nicht ersetzt werden konnte. Die Wohnung war zeitraubend und nicht eben praktisch, es hing alles an mir. Die Hetze rieb mich auf…*

*Das waren die Nerven, daß ich mich nicht mehr richtig benahm. Ich war so fertig. Ich schrieb mir lächerlich auf einen Merkzettel auf, was ich links hinlegen mußte, was rechts bei meinen Versuchen. Ich wollte es nicht falsch machen, ich hatte es nicht mehr im Kopf, ich konnte die Gedanken nicht fassen, ich war so gehetzt. Der Krieg war wie Gummi, der nicht riß, auch wenn er sich überdehnte.«*

*Marieluise Fleißer: Der Rauch, 1964/1965*

*Noch bevor er ins Feld ging, war ich aus dem Kriegseinsatz wieder heraus, weil ich krank wurde nach einem Jahr und der Mann ließ es sich nicht gefallen. – Er berief sich darauf, denn jetzt rückte er mit groben Drohungen daher, daß er die Frau dem Staat hinaufhängen wolle zur Invalidenversorgung, das war die überhaupt einzige Masche, wie ihm einer verriet. ›Ich hab sie schon einmal gesund machen müssen und das bezahlt‹, sagte er hart, ›an einer kranken Frau habe ich keine Interesse‹ ... stur konnte er sein, und er hatte die frühere Krankengeschichte, die er vorweisen konnte.*

*...*

*Eine Frau mit allen Wassern gewaschen hätte er gebraucht für sein Geschäft, die war ich nie, darum kreisten seine Gedanken. Viel Geld hätte ich haben müssen, ihn schadlos zu halten ... Wäre ich gestorben am Krieg, die Wahl hätte er wieder gehabt. Er hätte gebleckt, noch unter Tränen gewählt, für den Laden eine, diesmal für den Laden. Die beiden Enden hätte er nicht mehr zusammengezwängt, sie schnellten auseinander, ein Leben lang ging es über die Kraft. Ich sah es in seinem Aug, der Krieg hatte sein Problem nicht gelöst. Der Blitz hatte mich nicht weggefegt, das Erdbeben mich nicht genommen. Ein jeder konnte nicht aus seiner Haut ... Keiner hatte es schuld, beide hatten es gleich schuld.*

Haindl ist verbittert, durch die Kriegserfahrung, auch durch die fehlende Anerkennung, die sein unermüdlicher Einsatz im Luftschutz, beim Löschen und Retten hatte. Dazu kommt der Verlust seiner Ware, die ihm keinen Anschluss an das Geschäft mit der Nachkriegs‹währung› ermöglicht. Marieluise schiebt die emotionale Verlustrechnung auf ihre Unfähigkeit, eine Geschäftsfrau zu sein, spielt in Gedanken durch, wie sich die Situation für ihn dargestellt hätte, wenn sie ums Leben gekommen wäre.

Nach dem Krieg, als sie merkt, dass es viele Anfragen gibt für ihre Prosa und Theaterstücke und die alten Kontakte wieder möglich werden, als sie hoffen kann, wieder ein eigenes Gewicht in ihrer anderen Lebensrolle als Schriftstellerin zu gewinnen, plant sie erneut einen Trennungsversuch.

Schon im Juli 1946 hatte Marieluise an Hans Eberhard Friedrich vom Desch Verlag von ihrer »untragbar gewordenen Situation« geschrieben, aus der sie sich befreien möchte, ihn nach einer möglichen Anstellung im Verlag gefragt, da ihre literarischen Einnahmen ja etwas sehr Unbestimmtes seien.

Dem ihr nur sehr flüchtig aus den Zwanziger Jahren bekannten Dr. Burri von der Bavaria-Film in München, der sie für das Schreiben von Filmdrehbüchern interessieren will, sagt sie allerdings ab, weil sie keine Zeit habe sich einzuarbeiten. Sie müsse für die zweite Hälfte des Jahres 1948 Geld verdienen, da ihr ein Scheidungsprozess aufgezwungen werde. So sehr sie diesen begrüße, weil er einen innerlich ganz unmöglichen Zustand beende, stelle er sie doch vor finanzielle Probleme.

Ob Haindl nun seinerseits wirklich auf eine Scheidung drängt, bleibt unklar. Deutlich wird, dass ein eigenständiges Leben teuer werden wird, deutlich auch, dass sie befürchtet, für diese Freiheit nicht genug Geld verdienen zu können.

*»... die Frau hat er verteidigt, die Ware hat er gemeint. Sein ganzer Groll richtet sich jetzt gegen die Frau, den Sündenbock.«*

Bepp Haindl, Passfoto

*»Praktisch lebe ich bereits getrennt, koche getrennt und auf meine eigene Lebensmittelkarte, habe mit dem Haushalt nichts mehr zu tun usw.«*

Brief an Dr. Burri, 19.12.1947

## Marieluise Fleißer: Die Schwestern, 1951

… sie hat nicht mehr als einen glühenden Wunsch, in den sie sich ein paar Jahre lang hineingelebt hat und das nicht ohne seine Schuld, er hat ihr den Hof gemacht, sie hat seine Briefe für Realität genommen … Sie fährt zu ihrem Mann zurück, etwas ist turmhoch abgestürzt in ihr, sie hat nicht ein Abenteuer verloren, sondern die Flügel, sie hat eine Freiheit verloren, auf der sie gründete, sie merkt es erst jetzt.

*Der starke Stamm*, Münchner Kammerspiele 1950 mit Therese Giehse als Balbina

»Verlangen hält einen wach, sich täuschen ist besser als tot sein«,[7] heißt es in ihrer Erzählung *Das Pferd und die Jungfer.* Marieluise hat diese Erfahrung nicht nur einmal gemacht. Jetzt, 1947, verspricht sie sich offenbar viel von einem persönlichen Treffen mit Richard Friedenthal, den sie Ende der Zwanziger Jahre als Freund von Draws kennen gelernt und mit dem sie während des Krieges Briefe gewechselt hat. Schon in der ersten Zeit ihrer Bekanntschaft scheint für sie eine intimere Beziehung zu ihm denkbar gewesen zu sein. Friedenthal ist vor den Nationalsozialisten nach England geflohen, er kommt im September/Oktober 1947 nach Deutschland und schlägt ihr ein Treffen in München vor.

Auch zu weiteren alten Freunden nimmt Marieluise Fleißer nach 1948 Kontakt auf – zu Brecht, zu Hetzelein. 1949 schreibt sie an Brecht, sie wolle ihm ihre Stücke – *Karl Stuart* und *Der Starke Stamm* – schicken, damit er ihr ›die Meinung sagt‹.

Friedenthal gibt ihr Tipps, wo sie ihre Manuskripte unterbringen könnte. Seiner Meinung nach muss sie unbedingt aus ihrer Ingolstädter Isoliertheit heraus. Um sie der Stummheit und Resignation zu entreißen, appelliert er immer wieder an die Schriftstellerin und Kollegin in ihr.

1947/49 schreibt sie die Erzählungen *Das Pferd und die Jungfer* und *Er hätte besser alles verschlafen,* 1950 wird ihr Stück *Der Starke Stamm* in München uraufgeführt, es entstehen einige Erzähl- und Filmskizzen, Rückblicke wie *Kinderland* und *Zwei Premieren.* 1951 erhält sie einen Preis des Kuratoriums der Stiftung zur Förderung des Schrifttums, 1952 den ersten Preis in einem Erzählwettbewerb des Süddeutschen Rundfunks, 1953 den mit 3 000 Mark dotierten Literaturpreis der Bayerischen Akademie der Schönen Künste, 1956 wird sie Ordentliches Mitglied der Akademie.

Trotz der öffentlichen Anerkennung entspannt sich die ehe-interne Situation nicht. Die Auseinandersetzungen um Zeit und Geld werden pe-

Richard Friedenthal

»... *wie notwendig es für mich ist, in einen wirklichen Kontakt zu kommen mit jemand, der mitten drin steht und mir was sagen kann.*«

Brief an Brecht, 1949

Marieluise Fleißer, Ende der 40er Jahre

»Bei uns gibt's Sachen, Sachen gibt's
bei uns, hat er gesagt. Damit werden
Sie nicht fertig … Politische hat er gemeint …«

Interview mit Hans Fröhlich, Stuttgarter Nachrichten 16.2.1971

*Ich stehe vor der Notwendigkeit mich von meinem Mann trennen zu
müssen, weil er mich völlig aufreibt mit seinem mörderischen Geschäft. Seit dreieinhalb Jahren arbeite ich täglich dreizehn bis vier-
zehn Stunden … Ich muß diesem Zustand, der über kurz oder lang zur
Katastrophe führen muß, ein Ende setzen. Ich habe nicht die geringste Möglichkeit für mich selber etwas zu arbeiten, zudem ist alles
sinnlos und führt letzten Endes doch nur ins Elend …*

Brief an Brecht, 27.11.1955

*Liebe Fleißerin,*

*ich bekam heute, Freitag Ihren Brief. Natürlich würde ich Ihnen be-
sonders gern helfen. Einige Fragen: wären Sie bereit, in die DDR, d.h.
nach Berlin zu kommen und hier zu leben? Ich habe bei der Akademie
der Künste eine Arbeitsgemeinschaft für Dramatik gegründet. Würden Sie da mitmachen wollen? …*

*Wie die Aussichten hier sind, müßte ich feststellen: das kann ich
erst, wenn Sie interessiert an einer solchen Lösung sind. Wenn Ihnen
eine andere vorschwebt, schreiben Sie es mir!*

*Es würde mir Freude machen, für Sie zu tun was ich kann.*
*herzlich Ihr alter    b*

*Es wäre richtig, wenn Sie wieder zum schreiben kämen!*

nibel weiter geführt. Schulden ihres Mannes machen es Marieluise unmöglich, sich aus dem Geschäft zurückzuziehen. Es sind Schulden, die ein als Teilhaber in das Geschäft genommener Mann verursacht hat, über 30 000 Mark. In der Konsequenz heißt das für sie: Geschäft, Hausarbeit, Buchführung. Der Prozess, den Haindl gegen den untreuen Teilhaber führt, dauert bis zu seinem Tod, erst dann kann Marieluise ihn beenden und das Geschäft verkaufen.

1954 schreibt sie erstmals an Feuchtwanger. Bei einem erneuten Versuch, sich von Haindl scheiden zu lassen, bittet sie 1955 – fast gleichlautend – Brecht und Feuchtwanger um Hilfe.
Brecht antwortet umgehend, fragt sie, ob sie sich vorstellen könne, nach Ostberlin zu übersiedeln.

Sie geht daran, die Kosten einer Scheidung zu klären, verfängt sich dabei in so vielen Einzelheiten, dass die erforderlichen vertraglichen Regelungen zu einer nicht zu überwindenden Hürde für die Verwirklichung der Trennung werden müssen. Gleichzeitig hat sie panische Angst, dass ihr durch das Verbleiben in dieser Ehegemeinschaft der Lebenssinn entgleiten wird.

Im Januar 1956 fährt sie zum Kongress des Schriftstellerverbandes nach Berlin, sie will mit Brecht klären, ob es für sie und ihr Schreiben eine Zukunft in der DDR geben könnte. Brecht rät ihr ab.

Also bleibt sie in Ingolstadt. Zum ersten Mal bemüht sie sich um einen eigenen Raum für ihr Schreiben, den sie selbst bezahlen will. Sie mietet ein Zimmer, einigt sich mit ihrem Mann darauf, vormittags für ihn, nachmittags für sich selbst zu arbeiten. Um regelmäßigeres Einkommen zu haben, nimmt Marieluise nun Lektoratsarbeiten in der Hörspielabteilung des Bayerischen Rundfunks an. Der Vertrag läuft Ende Juni 1957 aus und wird nicht verlängert. Sie muss das Zimmer für sich allein wieder aufgeben.

*»... es ist höchste Zeit für mich wird, etwas zu schreiben. Mit sechzig Jahren kann ich das nicht mehr. Ich habe noch nicht gesagt, was ich zu sagen habe.«*
Brief an ihren Anwalt Dr. Listl, 11.12.1955

*»Mein Gott, wie habe ich es satt! Ich bin sehr unruhig. Meinen Arbeitsraum, den ich mit soviel Mühen eingerichtet hatte, habe ich wieder aufgeben müssen, nachdem ich nichts mehr verdient habe. Es war auch sehr strapaziös und unwirtschaftlich, ich bin immer erst am Abend für ein paar Stunden hinausgekommen.«*
Brief an Feuchtwanger, 1957

*»Zum Arbeiten komme ich überhaupt nicht, zum Briefeschreiben auch nicht. ... Von Zeit zu Zeit stürzt sich jemand aus der engen Verwandtschaft oder der Wohngemeinschaft mit einem ganzen Schwarm von Aufregungen auf mich, der eine langwierige Abwicklung braucht ... ich habe nur den Wunsch, mich endlich einmal abgrenzen zu können, damit ich doch noch was ausrichte.«*

Marieluise Fleißer am 29.5.1951

Literaturpreis der bayerischen Akademie der schönen Künste, 1953

Haindl ist seit Jahren schwer herzkrank. Therese Giehse, die ihr seit 1950 eine der wenigen Freundinnen ist, erzählt sie in einem Brief vom 20.10.56, mit welch »unglaublicher Hartnäckigkeit (er sich) an sein Leben klammert.« Die Herzspritzen sind teuer, die Krankenkasse verlangt Zuzahlung, »… ich kann mich nicht weigern, aber wie soll das nur gehn und wie lang soll das noch dauern?«[8]

Es dauert noch etwa zwei Monate. Am 10. Januar 1958 stirbt Bepp Haindl, noch nicht sechzig Jahre alt. Fünf Tage später erleidet Marieluise einen so schweren Herzinfarkt, dass die Ärzte die Geschwister auf ihren Tod vorbereiten. Sie überlebt. Nach drei Monaten Krankenhaus kommt sie zurück, ins Geschäft, das sie verkauft, in die Wohnung, die sie aufgeben will. Doch es dauert Jahre, bis sie eine andere Wohnung findet, ihr fehlt ein regelmäßiges Einkommen, ein »Vermögen«. Haindl, sagt sie, habe ihr ja nichts hinterlassen. Nicht ganz nichts: nach der Währungsreform hatte er ein Gartengrundstück im Gerolfinger Wald erworben, das sie jetzt zu Geld machen kann, um die Anzahlung für eine kleine Eigentumswohnung zu leisten. Ihr Bruder Heiner kauft es ihr ab. Und Heiner stellt ihr darüber hinaus noch ein unbefristetes Darlehen zur Verfügung. Im August 1962 zieht sie in die Hofmillerstraße.

Mein Lieb, Punn, Herzkätzchen, Herzpeterl, Herz, Baby, Herzl, Schmerzenskindl, Meine Luisi, Liebe Punny, Brauni … – diese Um-Stellung ist beendet.

Im Tod erst bleiben sie getrennt. Josef Haindl ist in der Grabstelle der Haindls beerdigt, Marieluise wird 1974 im Fleißerschen Familiengrab beigesetzt.

*»Sie ist wieder frei. Sie muß viel lesen, um das Versäumte nachzuholen, sie ist künstlerisch ganz arm geworden. Langsam baut sie sich wieder auf und speichert.«*

*»Meine kleine Wohnung, in der mich niemand stört, ist mein Luxus.«*

Brief an Ernst Josef Aufricht, 1967

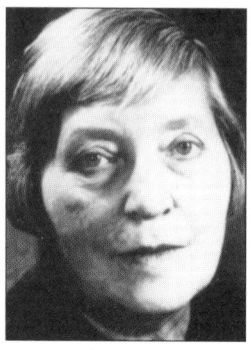

# Liſte
## des ſchädlichen und unerwünſchten
## Schrifttums

### Stand vom 31. Dezember 1938

Fitzner, Erich: Die Ruten-Redoute in Frau Birkheims Tanzschule. Leipzig 1929.
+ Flagellation, Die ~ als Passion. Budapest: Schneider & Kunert 1908.
Flake, Otto: Marquis de Sade. Berlin: S. Fischer 1930.
Flapp, Ritterio: Peitsch-Orgien. Wien: Flagella-Verl. 1932.
+ Fleck, Der gelbe ~. Paris: Ed. du Carrefour 1936.
Fleischack, Hermann: Allerlei von der Liebe. Leipzig: Hartung 1920.
Fleischack, Hermann: Das Judenmädel von Sosnowice. Leipzig: Hartung 1920.
Fleischack, Hermann: Das Kuckucksei. Leipzig: Hartung 1920.
Fleischack, Hermann: Das Mädchen aus der Ackerstrasse. Leipzig: Vogel & Vogel 1919.
Fleischack, Hermann: § 173 Reichsstrafgesetzbuch. Leipzig: Hartung 1920.
Fleisser, Marieluise: Mehlreisende Frieda Geier. Berlin: Kiepenheuer 1931.
Fleisser, Marieluise: Pioniere in Ingolstadt. Berlin: Arcadia-Verl. 1929.
Fleissner, Hermann: Genossenschaften und Arbeiterbewegung. Jena: Thüring. Verl.-Anst. 1925.
- Fleming, Edward L.: Nazi Shadows. London: L. Williams 1935.
Flexius, Walter: Das Blutbad im Dritten Reich. Saarbrücken: Heimatbund ›Saarland‹ 1934.
Florin, Wilhelm: Ergebnisse und Aussichten des sozialistischen Aufstiegs in der Sowjetunion. Berlin: Kommun. Partei Deutschlands 1931.

Marieluise Fleißer, 60er Jahre

# Im eigenen Netz

## oder: »Ein Elefant lag auf mir und bannte mich fest«

Für die politische und soziale Situation in Deutschland nach 1933 fehlen der Schriftstellerin Marieluise Fleißer die Worte. Was um sie herum und mit ihr geschieht, nimmt sie hauptsächlich wahr als umstellt, in die Enge getrieben, abgeschnitten zu sein.

Die Freunde hatten die Gefahr des Nationalsozialismus lange im Voraus erkannt und wie Feuchtwanger beispielsweise in seinem Roman *Erfolg* literarisch thematisiert. Hermann Kesten, ihr Lektor bei Kiepenheuer schreibt später: »Am 1. April 1933 fand der erste Judenboykott statt. Die Verfolgung und Ausrottung der deutschen Juden durch Hitler und sein Regime im Namen des deutschen Volkes waren ein Attentat nicht nur gegen Juden, sondern auch gegen das deutsche Volk. Man mußte fühllos sein, um das nicht zu merken.«[1] Fühllos ist Marieluise Fleißer nicht, aber gefangen in ihren persönlichen Verstrickungen und Abschnürungen. Das schränkt ihren Blick auf die allgemeine Bedrohung ein.

Schon bei der Berliner Aufführung ihrer *Pioniere* war sie der politischen Dimension des Skandals eher indifferent gegenüber gestanden. Was Brecht mit der Umgestaltung des Stückes beabsichtigte, hatte sie nicht verstanden. Lieblos war sie mit ihrem Text umgegangen, hatte Brechts Striche ohne Kommentar hingenommen, nicht gekämpft – hinterher stellt sich heraus, dass das Stück ein Politikum ist, dass es ihr anhaftet.

Es haftet lange. Sie leidet unter der politischen Hypothek der *Pioniere,* die sich als eine Art Zeitbombe erweisen, die in der »braunen, gefährlichen Zeit« explodiert. Dazu kommt noch der Zwiespalt, zu wissen, dass sie mit dem Stück zum Brechtkreis gehört hatte, wegen des Stückes davon getrennt worden war – auch weil sie es nicht als ihr ›eigenes‹ angenommen hatte.

*»Ich war verloren auf dieser Welt, in der Weise verloren, daß ich auch nicht für mich einstehen durfte, sondern daß mir meine Bewegungen grauenhaft vorgeschrieben waren, ich war eine Puppe … Einmal würde man Rechenschaft verlangen für meinen Wandel, wie sollte ich da bestehn?«*

*»Sie brachte nicht einmal die Voraussetzung mit, ihr Instinkt war nicht politisch… Als könne man es von einem Tag auf den anderen befehlen.«*

*Der Dichter verlangte Änderungen an dem Stück, die Proben liefen… Sie turnte im Kopf und machte nichts besser, nur anders …*

*Und als es zertrümmert war und verworfen und als es nicht stand, war sie auch schon abgelaufen, die Uhr… Da drehte sie durch, einfach durch. Sie konnte nichts mehr hinschreiben, nicht einmal ihren Namen. Ihr versagte sich jedes einzige Wort.*

*Das Unerhörte traute sie sich, am Vorabend blieb sie weg von der Probe, wo man nur verlangte, was sie nicht einmal hatte … Das war offener Aufstand im ungeeigneten Moment gegen einen Allmächtigen sogar und ihren persönlichen Herrn, wenn nicht den Schöpfer. Nicht umsonst hatte sie so was gewagt, sich empört, gegen wen eigentlich, gegen ihr schlechtes Stück, an dem sie doch schuld war, andere plagten sich ab? Was glaubte sie eigentlich? …*

Uraufführung der *Pioniere*, Dresden 1928,
in der Mitte Marieluise Fleißer

*Die Cilly lernte die Spielregeln kennen, und wer mit wem umging, das badete sie aus. Auf das Stück schlug man, meinte noch mehr die Hintermänner damit. Der Kampf gegen das Theater stand bei gewissen Parteien schon auf dem Programm. Sein Erfolg war zu groß, zu lang hatte er gedauert, der Unternehmer war Jude, der Hausdichter linksextrem und hier war eine Blöße.*

*Die Zeit hatte ihre besondere Schärfe, sie war schon mit dem aufgeladen, was hinterher kam …*

*Der Titel war schön, es reichte nur nicht für den Titel. Die Cilly merkte zu spät, der Titel war ein Programm …*

*Sie hatte ihn (den Dichter) im Stich gelassen, aber die Strafe war auf dem Fuße gefolgt … Sie sollte nur durchmachen, wie das war, zog man auf sich einen so großen Skandal …*

*Sein Blick war wie ein Messer, es tötete ihn ihr im kritischen Moment. Gerade bei ihm war sie empfänglich dafür. Sie hatte soviel verloren in dem Moment, durch ihn doch auch, ohne ihn war es nie. Sie war dazu gekommen wie die Jungfer zum Kind.*

Sie wird »abgestempelt auf die *Pioniere*«. Dass 1938 neben diesem Stück auch ihr Roman *Mehlreisende Frieda Geier* auf der Liste des »schädlichen und unerwünschten Schrifttums« steht, erwähnt sie in ihren Erinnerungen nicht.

Dem Stück gegenüber bleibt sie auch nach Kriegsende seltsam aggressiv: »das verdammte Stück«. Am meisten bedauert sie, dass ihr der Weg zu Brecht deswegen verbaut sei, das empfindet sie als »entscheidende Schädigung« ihrer künstlerischen Entwicklung. Wäre sie in Brechts Umfeld geblieben, »… hätte mein Weg in die Emigration geführt, aber die Dinge wären klar gewesen und vorausgesetzt, daß ich es überlebt hätte, wäre ich heute ganz wo anders, ich könnte zurückblicken auf ein Werk…«[2]

Unter dem Eindruck der Folgewirkungen der *Pioniere* im Nationalsozialismus beginnt sie sich von ihren anderen Texten zu distanzieren. 1943 schreibt sie an Erich Kuby über die Erzählungen in dem Band *Ein Pfund Orangen* »… man hat das einmal interessant gefunden und mit der registrierenden Tätigkeit eines Seismographen verglichen, aber ich möchte keinen Augenblick meines Lebens damit identifiziert werden… Zeigen Sie es niemand.«[3] Und sie sehnt sich nach ihren frühen Jugendarbeiten zurück, die sie »unter dem zersetzenden Einfluß von Feuchtwanger« verbrannt hat[4].

In verschiedenen fiktionalen wie autobiografischen Äußerungen fasst Marieluise Fleißer den Nationalsozialismus in den Begriff »Zeit«: Es war die braune Zeit, die Zeit hatte ihr ein Brandzeichen eingedrückt, das haftete ihr an in der Zeit. Ich war krank von der Zeit. Politischer kann sie nicht darauf reagieren.

In ihr Wahrnehmungsnetz zeichnet sie eine persönliche Zeitlinie. »Mit ihm (Draws) fing meine wirklich schwere Zeit an, er rieb mich auf… Hitlerdeutschland setzte die Krone darauf und merzte mich aus als Schrift-

Marieluise Fleißer, Pressefoto, 1931

stellerin, mir blieb nur ein Mausloch.«[5] Der Nationalsozialismus als Krönung, als Zuspitzung der Aufreibung in einer Beziehung – die persönliche Zeit-Rechnung tickt anders als die politische Uhr.

Auch ihre Befreiung – aus dem Mausloch – ist eine durch persönliche Lebensumstände geprägte und findet erst nach 1958 statt. Nach dem Tod ihres Ehemanns, nach dem Einzug in eine eigene Wohnung bilanziert sie in einem Brief an Marta Feuchtwanger: »Niemand presst mich mehr zu Dingen, die ich nicht tun will, oder versucht mich umzubiegen, es geht mir also wieder viel besser, als ich es seit 1929 hatte.«[6]

Im Berliner Tageblatt erscheint 1934 die Erzählung *Balder und Sylphide.* 1935 druckt die Zeitschrift »Die Dame« *Die Lawine* auf den gleichen Seiten wie die Fotos vom Münchner Fasching und den ›Auftritt‹ von Goebbels und Göring auf dem Presseball. Dieselbe Zeitschrift bringt dann noch 1936 *Das Erwachen der Penelope.*

Das ›erlebte‹ deutsche Drama, das sich nach 1933 ereignet, kann sie nicht schreiben; statt dessen entsteht in der ihrem Ehemann abgerungenen Zeit 1937 in neun Monaten die erste Fassung des Dramas vom traurigen König Karl Stuart. Das Motiv ähnelt dem Stoff zum *Leben Eduards des Zweiten,* das Brecht und Feuchtwanger 1924 geschrieben hatten, bei dessen Inszenierung sie Brecht kennen lernte. Der glücklose König Karl Stuart geht an dem unbedingten Festhalten an seinem Freund, Lord Strafford, zugrunde. Er, der autokratisch regiert, das Parlament entlässt, bezeichnet sich als Märtyrer seines Volkes, »dessen Freiheit durch die an mir geübte Willkür bedroht wird«.[7] In Fleißers Stück geht es um den König und die Königin, die Treue zu einem Freund, darum, für ihn Märtyrer zu sein – es geht um einen Passions- und Leidensweg. Das Volk und alle anderen Figuren bleiben seltsam unscharf. Die gesellschaftliche Dimension von Macht, Terror und Krieg bleibt in der individualisierenden Fokussierung auf den Konflikt des Königs Karl ausgeblendet.

*Karl Stuart ist kein historisches Stück. An die geschichtlichen Gestalten eines anderen Volkes und eines anderen Jahrhunderts geknüpft, ist es unmittelbar aus der deutschen Passion der zwölf Jahre herausgewachsen. Verkleidet in das Schicksal des ›Königs Ohnmacht‹ zeigt es den in sein auswegloses Dunkel hineingehetzten schöpferischen Menschen, der da zugrunde gerichtet wird von der Gewalt. An den Rand des Wahnsinns getrieben, verhöhnt, gemieden, bedroht, im äußeren Erfolg zum bitteren Scheitern verurteilt, verrät er doch nicht sein Selbst und kämpft bis zum Schluß um seinen inneren Bestand und um seine Würde ... Inmitten der Auflösung der Menschenrechte in völliger Einsamkeit und in schmerzhafter Abschnürung von jedem künstlerischen Kontakt niedergeschrieben, schöpft das Stück aus dem, was als Druck und Grauen in der Luft lag, und setzt ihm die Selbstbehauptung des schöpferischen Menschen entgegen. ›Karl Stuart‹ ist ein Stück von der unzerstörbaren inneren Freiheit und von der Würde des Menschen.*

Brief an H.J. Weitz, 10.5.1946

*In Absatz fünf bitte ich zu formulieren ›1. aus Aufführungen in Deutschland bzw. den bei Vertragsabschluss deutsch gewesenen Ländern. 2. aus Aufführungen in deutscher Sprache in ausserdeutschen bzw. bei Vertragsabschluss nicht deutsch gewesenenen Ländern.‹ Für den immerhin möglichen, wenn auch nicht gehofften Fall eines verlorenen Krieges könnte es mir sonst passieren, dass die meisten bis dahin deutschen Länder plötzlich ausserdeutsch wären, obwohl es sich dabei um genau die gleichen Bühnen wie bei Vertragsabschluß handelt, mein Tantiemenanteil würde plötzlich auf 65 von Hundert herabgedrückt, auf welcher Grundlage ja nicht verhandelt worden ist. (Natürlich rechne ich darunter nicht die im Verlaufe dieses Krieges von uns besetzten Gebiete).*

Brief an Desch Verlag, 9.7.1944

»In den Szenen von Karl und Henrietta erkenne ich Anklänge an meine Beziehung zu meinem Berliner Verlobten.«[8] Das Motiv des christlichen Passionsweges als Modell für das eigene Leben hatte ihre Schwester Anny schon 1933 in der Antwort auf einen Brief, in dem Marieluise ihre schwierige Beziehung zu Draws entfaltet hatte, formuliert: »ich sehe daraus, daß Du schwer mit dem Leben ringst und einen harten Weg zu gehen hast. Ja, das ist wahr, unseren Passionsweg müssen wir alle gehen und keinem bleibt er erspart …«

Stadttheater Ingolstadt vor dem Umbau

Fleißer versucht, das Stück am Theater unterzubringen, schickt es dem Intendanten Meyer-Fürst, der zunächst in Ingolstadt, dann ab Mitte 1938 am Münchner Theater arbeitet. Das Stück wird nicht angenommen. Sie überarbeitet es, erst 1944 beendet sie es ein zweites Mal und beantragt, um eine Aufführung zu ermöglichen, noch die Aufnahme in den Verband deutscher Bühnenschriftsteller. Mit dem Zinnen- (dem späteren Desch-) Verlag schließt sie einen Vertrag über das Stück ab; wichtig ist ihr, die Tantiemenfrage in Bezug auf das Geltungsgebiet des Vertrags zu klären.

*Karl Stuart* ist bis heute ›papieren‹ geblieben, nie aufgeführt worden.

1944/45 schreibt sie sich aus der gefährlichen Gegenwart zurück in ihre eigene Zeit, zurück in ihre Familie, in die Kindheit und den Dialekt – sie schreibt die Komödie *Der Starke Stamm*.

Die Frau des Sattlermeister Bitterwolf ist gestorben, ihre Schwägerin Balbina will sich als neue Ehefrau einführen, gerät aber darin in Konkurrenz zum jungen Dienstmädchen Annerl. Bitterwolf schwängert Annerl und heiratet sie am Ende. Annerl hätte – wenn Geld keine Rolle spielte – lieber den jungen Hubert Bitterwolf genommen. Hubert will Kunstmaler werden, was seinen Vater er›bittert‹ – am Ende bezahlt der reiche Onkel aus Rottenegg dem Hubert das Kunststudium und vererbt ihm alles. Die Geschäftsfrau Balbina, als sie ihren Schwager nicht

*»Für sie ist es eine Flucht aus dem Grauen, sie muß sich einfach davon wegdenken, weil sie es sonst nicht durchstehen kann.«*

*In den jungen Jahren hatte ich ein ziemliches Glück, die verdammte Politik kam dazwischen und machte mir alles kaputt. Dann war ich tief in den unteren Volksschichten und ihrer Umgangssprache vergraben, an einen anderen Ort konnte ich mich nicht versetzen. Da nahm ich die Umgangssprache als Spracherlebnis und versuchte, sie zu reiben, bis sie vor Lebendigkeit sprühte ...*

*Stellen Sie sich vor, ich wollte mir einbilden, ich lache. Und wenn Sie mich dafür steinigen, ich hatte es nötig. Bloß keine direkte Beziehung zum Grauen! Damit war ich nämlich eingedeckt, davon hatte ich genug. Absichtlich dachte ich mich davon weg. Blanke Notwehr, meine Damen und Herren! Ein Akt der Selbstbehauptung, nur um zu überleben. Gedankenspiel mit Onkeln, Vätern und Söhnen! Gedankenspiel mit der Weiblichkeit, die nicht ausstirbt. Wie der Hirsch nach den Wasserquellen lechzte ich nach einem Idyll ...*

*Ich war nämlich in der Schußlinie, leider. Bei mir durfte man nichts finden, wenn es eine Haussuchung gab. Oder ich wäre tot.*

Aus dem Programmheft und Nachtrag zum Stück *Die Sprecherin vom Starken Stamm* 1950

*Balbina: »Ich wär auch lieber voller Gnaden. Ich könnts auch lieber süß ... Und es ist doch so, daß du die Tür aufreißen möchtst und soviel Verlangen hast in dir drin, daß dir Flügel auswachsen müßten aus dem, was die anderen anschaun für deinen Buckel, wenn eins bloß Augen dafür hätt und hätt an dich noch einen Glauben. Aber das gibts ja net auf der beschissenen Welt. Was dich beißt, sind nicht deine Flügel, wo herausstoßen mit aller Gewalt, das bleibt ewig dein Buckel.«*

Marieluise Fleißer: Der starke Stamm

*Der starke Stamm,*
Münchner Kammerspiele, 1950

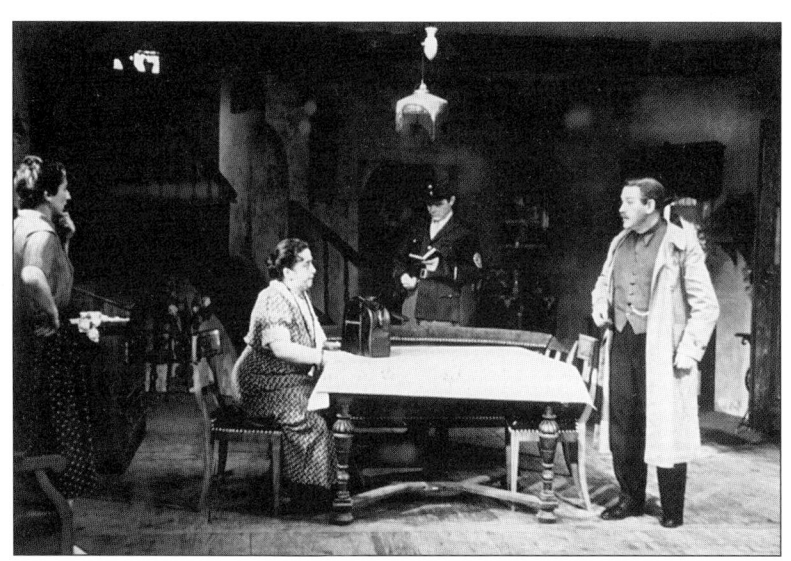

gewinnen kann, geht mit dem Metzgerjackl ab. Der Schluss ist deprimierend: Balbina lässt Bitterwolf pfänden, weil er Geld von seiner Schwiegermutter geliehen hatte. Moral und Freundlichkeit werden hier zu einer Frage des Besitztums.

Viele der Figuren des Starken Stamms ›entstammen‹ der Fleißerschen Familiengeschichte.

Nach dem Krieg ist sie unsicher über die Qualität des Stücks. Sie klagt in einem Brief an H.-J. Weitz 1946, dass es noch vor der Zeit neuer literarischer Strömungen geschrieben sei, die sie auch jetzt aus ihrer »unfreiwilligen Gefangenschaft nur unvollkommen verfolgen« könne.

Ihr Gefangensein in sich selbst macht es Marieluise Fleißer auch nach Kriegsende schwer, ihre eigene Situation zu relativieren. Das eigene Leiden erscheint so groß – es muss neben dem von Exil, Internierung und Vernichtung unbedingt Bestand haben.

In ihren ersten Schreibversuchen nach dem Krieg thematisiert Marieluise Fleißer das Hin- und Hergerissensein zwischen ihren Rollen als Schriftstellerin und Ehefrau, verschärft um die Ausgrenzung als ›linke‹ unerwünschte Künstlerin. Ähnlich wie in der Filmskizze *Heimkehrer Gustl,* lässt sich im Erzählfragment *Martha und der Bürgermeister* von 1948/9 der Mann der Kunstmalerin Martha scheiden, weil deren Bilder als »Entartete Kunst« gezeigt wurden; er hatte von ihr verlangt, nicht mehr zu malen, aber darauf konnte Martha sich nicht einlassen. Der Preis, den sie bezahlen muss, ist ein elendes, ständig von der Angst, ins KZ gebracht zu werden, bedrohtes Leben.[9] Nach Kriegsende wird der Mann Bürgermeister, obwohl er Parteimitglied war. Als Martha ihn deshalb anzeigen will, droht er, ihr das gemeinsame Kind wegzunehmen. Da sie sich nicht einschüchtern lässt, stößt er sie von einer Brücke. Man glaubt an Selbstmord.

Mit den schriftstellerischen ›Farben‹, die sie jetzt hat, schreibt Marieluise Fleißer 1947 die Erzählung *Der Sohn des Gefangenen* (andere

*»Mit den Eigenschaften solcher Menschen zum mindesten vertraut, habe ich eine bayerische Komödie geschrieben, nun freilich unter dem Einfluß der weniger schönen Zeitläufte aus einem anderen Blickwinkel heraus.«*

*Besonders aufreizend wirkt es auf uns, wenn von denen, die fern von der unmittelbaren Gefahr waren, der Vorwurf gegen uns erhoben wird, als ob wir keinen Widerstand geleistet hätten. Mir will doch scheinen, dem liegt ein unbewusstes Verschieben der Voraussetzungen und eine allzu leicht hingeredete Vortäuschung ... von den demokratischen Möglichkeiten zugrunde, die ja aber in einem mit raffiniertem Satanismus organisierten Willkürstaat nicht vorhanden waren. Der stumme und passive Widerstand, den wir einzig leisten konnten, war ein Höllenweg, der genau zwölf Jahre dauerte, was er für die Einzelnen an Verkümmerung und schmerzhafter Zurückkschrumpfung bedeutete, kann man von draußen kaum ermessen ...*

Brief an David Luschnat, 30.6.1947

Hermann Kesten, 1930

*Es fiel mir auf, dass Sie über meine Situation in Hitler-Deutschland kaum eine richtige Vorstellung haben. Ich konnte das nicht ausräumen, es liegt mir wenig darüber zu sprechen, wenn ich nicht gerade was in Form einer Geschichte loswerde. Vielleicht sollte ich aber doch klären: Obwohl ich nicht verhaftet wurde – und ich möchte annehmen, dass mein damaliger Verlobter da etwas erreichen konnte – hatte ich doch keinen Grund, mich geborgen zu fühlen, ich mußte mich immer fürchten. Ich wurde von den Studenten verbrannt und nach der Machtergreifung als mißliebige Autorin im Völkischen Beobachter namentlich benannt. Solche Benennungen wirkten auf die öffentliche Meinung ein, es war ein an den Pranger Stellen. Die Reaktion der Bevölkerung in einer so kleinen Stadt wie Ingolstadt war dementsprechend, ich wurde gemieden, man schlich um mich herum wie um eine Aussätzige. Die Heirat meines Mannes wurde noch nach Jahren verurteilt ...*

Brief an Hermann Kesten vom 5.11.1965

Titel: *Im Netz, Kreatur im Netz, Schuld war die Mutter* und schließlich: *Er hätte besser alles verschlafen*), eine Erzählung, die ihr eigenes Problem der ›richtigen‹ Wahrnehmung im Bild des verzerrten Netzhautsehens eines Pferdes ausdeutet. Der Vater der Hauptfigur, des jungen Willy, kommt aus »dem Ural« nach Hause. Seine Frau, Willys Mutter, hat während seiner Abwesenheit viele Männer gehabt. Der Vater schlägt deshalb die Mutter fast tot. Willy, der dies miterlebt, will zu seinem Großvater flüchten. Auf dem Weg zu ihm wird er Zeuge, wie ein krankes Pferd auf der Landstraße stirbt. Er will es trösten, das Pferd erkennt diese Absicht nicht und schlägt so mit den Hufen nach ihm, dass es Willy tödlich verletzt. Zur eigentlich leidenden Hauptfigur aber wird das Pferd, das daliegt »gestürzt wie der Heiland unter dem Kreuz«.

In der Figur des Pferdes schafft sich Marieluise deutlich ein alter ego. Auch wenn sie sich zum Zustand ihrer literarischen Kreativität äußert, bedient sie sich häufig dieses Bildes. Pegasus, das Musenpferd, ist in *Kreatur im Netz* nutzlos, es stirbt, und weil es alles verzerrt sieht und nicht erkennt, wer Freund, wer Feind ist, tötet es den, der es trösten will.

Nach Kriegsende wird Marieluise Fleißer von vielen Seiten um Beiträge für Anthologien gebeten, doch sie weiß nicht, wo anknüpfen. Sie kann zunächst nur ihre alten Erzählungen anbieten. Der Südverlag druckt 1948 *Die arme Lovise* (1926) wieder ab, 1949 veröffentlicht Weyrauch in der Anthologie »1.000 Gramm«, in der eigentlich der Neuanfang der deutschen Literatur dokumentiert werden soll, anstelle einer ihrer neuen Erzählungen noch einmal *Stunde der Magd* (1925). Im November 1947 lehnt Suhrkamp *Er hätte besser alles verschlafen* ab, auch Reindl von der Zeitschrift *Die Erzählung* will den Text nicht drucken, wegen »des krassen Realismus«. So finden Fleißers Nachkriegserzählungen zeitgleich keine Veröffentlichung.

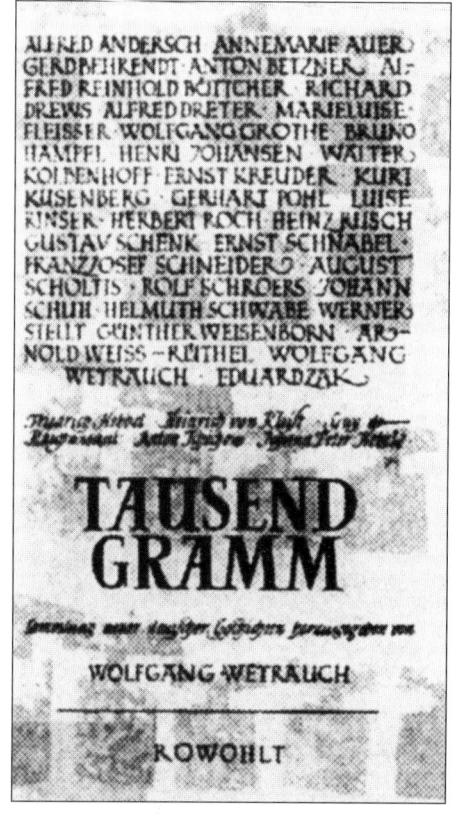

*»Dabei sollte ich gerade jetzt ganz und gar nicht stumm sein, man erwartet vielmehr, daß ich etwas bringe und man würde mir Chancen geben«*

Brief vom 4.2.1948 an Georg Hetzelein

*Marieluise Fleißer: Der Rauch, 1964/1965*

»... *ich war aus dem lebendigen Schreiben heraus. Es ließ sich nicht zwingen. Ein Elefant lag auf mir und bannte mich fest.*«

*Was war sie für ein gnadenloses Brot, diese Kunst! Sie verlangte einem die Jugend ab, die Chance war mir schon genommen. Frei mußte man sein für die Kunst, einen Bettel schmiß sie einem her, trug aber nicht. Und jetzt war man im Alter, jetzt mußte sie tragen.*

*Es war nicht anders, als hätte man mir die Flügel gebrochen und zu mir sagte man, flieg! Aber Zeit gehörte dazu und der Umgang mit Büchern, die die richtigen waren, sonst lag man verkehrt, und die Freiheit vom Zwang.*

*Ich kam nicht an die Bücher heran und nicht an die Zeit.*

*Marieluise Fleißer: Er hätte besser alles verschlafen, 1947*

*Das Pferd indessen lag da und diente einem furchtbaren Gott, der unendlichen Straße, auf der es verbotenerweise jetzt lag, das Pferd wußte genau, daß es das nicht sollte. Auf so einer Straße mußte man laufen, auch wer da krank war auf den Tod, so furchtbar war nämlich die Straße. Das Pferd war preisgegeben wie nie und ganz ohne Zuflucht, das todkranke Pferd, das sich selber nicht helfen konnte und auf der Welt keinem mehr nützte. Wer es die Straße hinuntertrieb, war sein Feind ...*

*Das Pferd sah ihn jetzt ganz nah, riesengroß durch das spiegelnde Netz, das – und es kann nichts dafür – verrückend im Auge des Pferdes steht und mit geschliffenen Facetten die Größenmaße verzerrt, einen ungeheuren Feind sah das Pferd schon ganz nah.*

Im November 1947 lehnt Suhrkamp *Er hätte besser alles verschlafen* ab, er hat zur Zeit keine Verlagszeitschrift – so finden Fleißers Nachkriegserzählungen zeitgleich keine Veröffentlichung.

Im Herbst 1948 nimmt Marieluise Fleißer über die Münchener Kammerspiele Kontakt mit Brecht auf. Brecht antwortet umgehend – aber dass er dabei an die *Pioniere* anknüpft und an ihren kritischen politischen Instinkt appelliert, zeigt, dass er ihre schriftstellerische wie persönliche Lage vollkommen verkennt.

Ihre Selbstzweifel literarisiert sie in der Erzählung *Das Pferd und die Jungfer,* in der sie die Enteignung eines ›wilden‹ geliebten Pferdes, das den Schutzkreis für eine ›Amazonenfrau‹ bildet, durch einen Zirkusdompteur beschreibt. Auf Brechts Postkarte geht sie inhaltlich nicht ein, ihren Schock arbeitet sie in der Erzählung ab. Für *Das Pferd und die Jungfer* bekommt sie 1952 den Ersten Preis im Erzählwettbewerb des Süddeutschen Rundfunks.

Diese Erzählung nimmt Motive aus *Avantgarde* (1963) vorweg, dem Text, in dem Marieluise Fleißer ihr Verhältnis zu Brecht wie zu Bepp Haindl klären wird. Sie wird Brecht als ›Menschenfänger‹, als ›Dompteur‹ bezeichnen. Schriftsteller werden dort von Seiten des Verlags vorgestellt werden als »unsere Rennpferde, die lassen wir laufen«. Die junge Dichterin wird dabei vom Genie Brecht im Zaum gehalten: »Er hielt sie streng am Zügel«.

Unschwer wird in *Das Pferd und die Jungfer* deutlich, dass das Dichterpferd eigentlich nur von Männern zu bändigen ist, dass es auf die freie Landstraße gehört und nicht in einen Stall und dass die erfolgreiche Pferdebesitzerin »in Frauenkleidern ein Mann (ist), unglücklich schon von Geburt.« Der wilden Freiheit im Ritt auf dem Musenpferd Pegasus folgt die bedrückende Enteignung durch den Zirkusmenschen.

Doch entziehen kann sich Marieluise dem ›Dompteur‹ vorläufig noch nicht. Sie schreibt Brecht, sie wolle ihm *Karl Stuart* und den *Starken Stamm* schicken, um zu hören, was er von den Stücken hält.

*»Liebe fleißerin,*
*ich bin immer noch in Zürich und werde mich melden, wenn ich nach München komme. dank für ihr lebenszeichen. konnten Sie arbeiten? ich würde gern was lesen. den unerschrockenen realismus der ›Pioniere‹ könnte man jetzt brauchen, wo sich die blutsäufer in die hosen machen.*
*herzlichst Ihr*
*brecht.*

*»Beim Lesen dieser neuen Geschichte dachte ich immer wieder, man müsse Sie animieren, so sehr man könne. Sie sind eine Schriftstellerin von so eigener kräftiger Begabung und unter den schreibenden Frauen, wie mir scheint, schon vollends singulär, daß Sie wirklich alle Zeit und Kraft, die Sie nur erübrigen können, aufs Schreiben legen sollten.«*
Der Lektor des Hanser Verlages 1960
begeistert über *Das Pferd und die Jungfer*

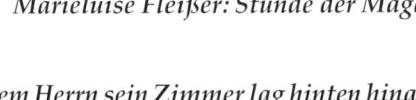

*Marieluise Fleißer: Stunde der Magd, 1925*

*Dem Herrn sein Zimmer lag hinten hinaus im Anbau und war von den andern durch einen kleinen Gang getrennt … Einmal am Abend mußte ich Blumen gießen auf dem Gang. Die Kinder waren schon zum Schlafen hinauf in den oberen Stock, aber der Herr stand an seinem Fenster und schaute mir lange zu. Ich brauchte eine gewisse Zeit. Der Herr konnte sich auch nicht gleich entschließen. Dann war er am Gang heraußen und sagte, er weiß nicht, wie er seine Karte schreibt. Das hat er ausgerechnet zu mir sagen müssen. Jetzt fiel ihm gar das noch ein, er holte sie und las sie mir vor, ob sie so recht ist. Ich habe dumm genug gelacht. Ich sagte, das kann ich nicht so wie der Herr selber unterscheiden. Ganz rot stand ich da mit meinem Mangel an Bildung. Darauf hat mir der Herr seinen Arm so zartfühlend um die Taille gelegt, damit ich es nicht merke. Da war er mir mit einem Male so vertraut und fremd zugleich. Ich bildete mir ein, ich muß um Gotteswillen jetzt schnell was bewirken, damit er mir nicht mehr so fremd bleibt. Und wie ein solcher Feind hat er mich vor sich hin auf den Schreibtisch gesetzt und der mir das Ärgste antut, aber ich wäre um alles nicht von dem Feind weggegangen. Dann hat er es mir gezeigt, was ich für eine Schürze anhabe und dann hat er es mir gezeigt, wie meine Bluse von innen ist, und alles hat er mir immer gezeigt. Da bin ich in allem, wie ich daherkomme, vor ihm bestätigt gewesen und war ihm recht und mir selber war ich auch recht.*

*Aber nachher mußte ich schon recht arg weinen. Er streichelte mich freilich und sagte, schau, soll jetzt das nicht gewesen sein?*

*Aber ich mochte nichts mehr davon wissen und mit dem Streicheln war mir nicht das Geringste geholfen. Denn er hat immer noch so fremde Augen an sich gehabt und im ganzen Zimmer herumschauen können, und ich war in dem ganzen Zimmer jedenfalls nichts weiter wie ein Dienstmädchen, was sich hierher verirrte.*

Schon 1949 wollte der Dramaturg Werner Bergold den *Starken Stamm* in München auf die Bühne bringen. Auf seinen Anstoß hin zieht Marieluise Fleißer ein zeitgenössisches Element in das Stück ein, aber statt des vorgeschlagenen Uranskandals wählt sie als Zeitproblem ein Wunder: die Marienerscheinung von Heroldsbach. Es wird dann aber doch wieder der Vermittlung von Brecht bedürfen, damit das Stück 1950 aufgeführt wird. Und es funktioniert nach altem Muster: auf Brechts *Baal* folgte die Inszenierung von *Fegefeuer in Ingolstadt,* auf seine *Dreigroschenoper* die der *Pioniere,* und nun schließt sich in München an Brechts *Mutter Courage* direkt die Aufführung des *Starken Stamms* an.

Nicht nur die zeitliche Aufeinanderfolge setzt die beiden Stücke in Beziehung zueinander, auch die Hauptfigur wird beide Male von derselben Schauspielerin verkörpert: Therese Giehse. Die Proben beginnen unmittelbar nach der *Courage*-Premiere, schon vier Wochen später, am 7.11.1950, findet die viel beachtete Uraufführung statt.

Trotz des Erfolgs verdichtet sich in Marieluise Fleißer das Gefühl, nicht bestehen zu können. In einem Brief an Helene Weigel zieht sie 1951 ein verheerendes Fazit ihrer eigenen Begabung: »…nie bringe ich eine tragfähige Handlung her, und die Handlung ist fast das Einzige, was auf der Bühne wirklich kommt, alles andere ist für die Katz…«[10]

Statt sich auf ihr eigenes Pferd zu setzen, bittet sie Brecht um eine ›Stoffinfusion‹ zur Belebung ihres Schreibens. Dieser schickt ihr 1952 ein Manuskript, in dem es um Soldaten und gefälschte Beziehungen zwischen Mädchen und Männern geht. Sie lehnt ab. Sie kann nicht noch einmal ein Brecht-Stück schreiben – und: es gibt jetzt noch einen anderen Gott neben ihm. Zwei Jahre später, 1954, teilt sie es Lion Feuchtwanger mit: »… jetzt schreibe ich Dir eben, ob ich nun Antwort haben werde oder nicht und ob sich die verdammte Politik dazwischen stellt oder nicht. Denn ich bin katholisch geworden, wenn auch nicht eben eine Eiferin, aber doch dem Glauben nach und mit gutem Willen,

*»Frau Giehse, rundäugig, die Zunge*
*unaufhörlich als Zahnstocher benut-*
*zend, geschäftig trippelnd, preziös die*
*Hüften und immer die eine schwarze*
*Handtasche am Henkel schwingend,*
*eine ganze Skala bajuwarischer Ge-*
*fühlstöne absolvierend, war hinrei-*
*ßend«*

Neue Zeitung, 9.11.1950

Der starke Stamm, Münchner Kammerspiele 1950

mein Leben war so, daß ich es nicht mehr ausgehalten habe ohne einen Herrgott, und das paßt schlecht zu vielem was früher war und ich
könnte bestimmte Auflagen nicht mehr erfüllen. Wenn der Brecht beispielsweise von mir ein Stück haben will von einer bestimmten Tendenz,
das geht nicht, das geht nicht, das geht von innen heraus nicht.«[11]

Sie weiß nun, dass sie nur auf sich selbst zurückgreifen kann.

Marieluise Fleißer, 1950

137

Verleihung des bayerischen Poetentalers, 18.11.1967 durch Hans Vogel

## Pionierin Rediviva
### oder: »Ich finde es schön, dass durch die Jungen plötzlich noch ein Sinn ins Leben kommt«

Fast scheint es so, als habe das lange Schweigen der Marieluise Fleißer, die Blockade, die ihr das Schreiben unmöglich macht, ebenso mit
der Abwesenheit ihrer Mentoren und Dompteure zu tun wie ihre pro-
duktiven Phasen mit deren Präsenz.

Was Brechts Tod im August 1956 in ihr ausgelöst haben mag, können wir nur vermuten. Als Bepp Haindl im Januar 1958 stirbt, bricht sie
zusammen. Sie übersteht ihre lebensgefährliche Herzerkrankung nur
knapp. Ins Leben zurückgekehrt, dann auch befreit von Geschäft und
Ehealltag, will sie nur noch schreiben, das sagen, was sie noch zu sagen hat. So einfach aber wird dies Schreiben und Sagen nicht. Die Mentoren und Dompteure sind tot – im Dezember 1958 ist auch Feuchtwanger gestorben –, es gibt nun anscheinend nichts und niemanden
mehr, an dem sie sich reiben kann.

Der Hanser Verlag bemüht sich seit Jahren um Marieluise Fleißer als
Autorin,[1] möchte aber nun auf jeden Fall auch neue Erzählungen.

Doch erst Mitte 1963 schickt Marieluise Fleißer dann endlich den
Text, unter dessen Titel *Avantgarde* der Erzählband im selben Jahr in
der Reihe »Prosa Viva« veröffentlicht wird. Ausgelotet werden in der Ti-
telgeschichte die Beziehungen der Schriftstellerin Cilly Ostermeier zum
avantgardistischen »Dichter« (Bertolt Brecht) und zum traditionsge-
bundenen Schwimmer »Nickl« (Josef Haindl).

*»Ein Band Erzählungen von Ihnen, al-
so sozusagen Ihr come back als Erzählerin auf dem Buchmarkt, müßte
aber ein literarisches Ereignis sein.«*
Verlagslektor Dr. Göpfert vom Hanser-
Verlag

Hellmuth Draws-Tychsen, der ehemalige Verlobte, betitelt seine *Avantgarde*-Besprechung in der Stuttgarter Zeitung »Marieluise Fleißer rediviva?«. In seiner Kritik an *Avantgarde* vermischen sich literarische und
persönliche Wertung, die für Leser, die weder mit der Person der Autorin noch mit der des Rezensenten vertraut sind, schwer nachzuvoll-

*Natürlich bleibt die Facettierung dieses bayerischen Frauenlebens nicht nur zweischliffig, sondern gegebenermaßen vielschliffig, und die einzelnen Facetteure lassen bisweilen nicht mehr mit absoluter Sicherheit sich feststellen. Allerdings müssen zwei Namen besonders festgehalten werden, ... der von Bertolt Brecht (1898-1956) und der von Lion Feuchtwanger (1884-1958) ...*

*Zeit ihres Lebens muß Marieluise Fleißer mit irgendjemandem abrechnen, der ihr etwas Vermeintliches angetan haben soll oder fiktiv noch anzutun beabsichtigt, und sollte es selbst der eigene, bereits vor langer Silberhochzeit ergraute, aber kinderlose Ehemann sein. Solches (allzu offenkundige) egozentrische Gehabe wirkt nicht immer geschmackvoll und bisweilen sogar langweilig; dichterisch ist es keinesfalls, höchstens chronistisch oder gar anachronistisch. Die Zeit wandelt sich unaufhörlich, und wir selber müssen uns unaufhörlich mit und gleich ihr wandeln. Stillstand bedeutet in jedem Falle Tod ...*

*Bertolt Brecht und Lion Feuchtwanger sind wenigstens allzeit große Gestalter geblieben. Marieluise Fleißer führt uns in das Tohuwabohu ihrer kleinen und mitunter sogar kleinlichen Konflikte, ohne jemals den bescheidensten Versuch zu unternehmen, sie irgendwie (gefällig oder ungefällig) aufzulösen ... Ihre Landsleute Heinrich Lautensack (1881-1919) und Georg Queri (1879-1919) haben immerhin einen gewissen erdhaften Humor entfaltet, selbst wenn sein diesbezüglicher Geschmack laugig, gallig oder gar faulig ausarten sollte; aber auch sie gaben sich allzeit völlig steril und waren dichterisch bereits abgestorben, obwohl sie biologisch noch existierten ...*

*Die letzte Erzählung des neuen Bändchens, »Das Pferd und die Jungfer«, scheint mir ein einzelnes, kostbar geschliffenes Bijou geworden zu sein ...*

Hellmut Draws-Tychsen in: Stuttgarter Zeitung, 16.11.1963

ziehen ist. Er gibt eine Art Abrechnung, ein Charakterbild auch, das Draws von der späteren Fleißer-Forschung stark verübelt werden sollte – dennoch eine in den Grundzügen nicht unzutreffende Beschreibung.

Die Autorin selbst betont die autobiografische Dimension des Textes und stellt klar, dass die Arbeit daran für sie die Bewältigung einer traumatischen Erfahrung bedeutete. »In die Gestalt der Cilly sind auch Züge der Elisabeth Hauptmann hineinverwoben und meine eigenen.«[2] Elisabeth Hauptmann, die – anders als Marieluise Fleißer – ihre eigene schriftstellerische Arbeit ganz aufgegeben hatte, um für und mit Brecht zu arbeiten, und die, obwohl sie 1929 auf die Heirat von Brecht und Helene Weigel hin versucht hatte, sich das Leben zu nehmen, doch bis zum Schluss bei Brecht geblieben war.

*Avantgarde* erscheint vor der Zeit feministischer Entthronungen männlicher Genies und wird vielfach als ungerechtfertigter Angriff auf Brecht verstanden.

Die ›Brecht-Frauen‹ sind mit *Avantgarde* zufrieden, Therese Giehse lobt es als das »endgültigste«[3], was über den jungen Brecht geschrieben wurde. Helene Weigel wird, als Marieluise ihr *Avantgarde* schickt, etwas entschuldigend vorgewarnt.

Die Rezeption in der Presse kapriziert sich durchgängig auf das hier vermittelte Brecht-Bild – die andere Hälfte der Erzählung, die Nicklgeschichte, findet keine Beachtung.

Trotz aller Schmerzhaftigkeit wendet Marieluise sich in der Folgezeit weiter literarisch dem Freilegen der eigenen Erfahrungen zu.

Das Tiefergraben in sich selbst bringt Zeitschicht um Zeitschicht literarisch nach oben. 1965 kann sie sich der vielleicht schwierigsten Tiefenschicht stellen, sie beschreibt *Die im Dunkeln,* ihren psychischen Zusammenbruch, ihre Zeit in der Nervenklinik. 1973 schließlich wird sie in *Ich ahnte den Sprengstoff nicht* einen fast schlüssigen Lebenslauf als

*»Ich glaube auch nicht, daß es ihr darum geht, sich ein Trauma von der Seele zu schreiben. Es scheint mir vielmehr eine berechnende Anklage gegen den Menschen Bertolt Brecht zu sein.«*
Elisabeth Endres in: *Die Zeit,* 25.9.1964

*»Liebe Helli, die erste Geschichte sollte eine wunderschöne Geschichte über Brecht werden, ich hab auch gut angefangen und ich bin betrübt, dass ich sie nicht ganz auf der Höhe halten konnte und immer dann, wenn ich nicht weiter wusste, ins allzuenge Autobiographische fiel.«*
Brief an Helene Weigel vom 29.10.1963

*»Ich würde lieber nicht blosslegen müssen, was ich leben mußte, ich würde es am liebsten vergraben…«*
Brief an Arno Schmidt, 4.10.1965

*Marieluise Fleißer: Avantgarde, 1963*

*Es war nicht ganz heraus, war sie seine Mitarbeiterin, Freundin, Geliebte oder wurde sie seine Frau. ›Das wird meine Frau‹, hatte der umstrittene Dichter ganz am Anfang gesagt. Aber was hieß das schon bei ihm, und was galt es bei seinem Verschleiß an Menschen? Er nahm sich die Freiheiten eines Genies, und es war das Genialische, was sie ihm unentrinnbar verband, etwas hatte gezündet. Cilly Ostermeier hätte alles darum gegeben, sie sah sich nicht vor.*

*Sie selber wollte auch schreiben. Sie war blutjung, eine kleine Studentin, die sich noch nicht kannte, den Kopf vollgesponnen von ihrem Wollen, das einstweilen doch nur anmaßend war. Mit diesem Wollen geriet sie an ihn und wurde ganz stark gebrochen. Der Mann war eine Potenz, er brach sie sofort. Es würde sich zeigen, ob sie es überstand. Wenn nicht, war sie es eben nicht wert.*

*Schon die Lebensführung wurde gebrochen. Sie schwänzte die Vorlesungen und das Seminar, damit sie zur Hand war, wenn der Dichter sie brauchte. Sie nahm ihm seinen täglichen Kram ab. Seine Zeit war mehr wert, darüber ließ nicht einmal streiten.*

*…*

*Die Leichen, die rings um ihn fielen, störten ihn nicht. Manche hielt er für komisch, da lachte er schallend, er hatte schon gar kein Gemüt… Nur wer lernte, war keine Leiche. Wer bei ihm lernte, durfte noch unreif sein, sich tastend versuchen, er durfte verunglücken, das nahm er in Kauf. Er verlangte keinen Meister an ihm. Und vielleicht duldete er neben sich keinen Meister …*

*Die Ostermeier fühlte sich abgelegt. Er strapazierte ihren Instinkt. In der fühlenden Brust hatte sie mit ihm ihren ganz persönlichen Krieg. Sie ertrug den Schwarm Weiber nicht mehr, der um ihn herum war, jede ein Ausbund … Man muß seine fünf Sinne nicht haben, läßt man es sich gefallen, ich bin schon gegangen …*

*Hatte er es nicht immer gesagt, hatte sie es bloß nicht richtig gehört, nicht in der nackten Kälte gewußt? Jetzt hatte es sie eingeholt: der Mensch besitzt nicht den Menschen …*

*Was er an ihr gesucht hatte, war die Begabung zuvor. Die Liebe war nur so mitgenommen, auch nicht zum Verachten. Das war vielleicht zum Lachen! Und sie war so dumm wie der Blitz, es war schon wieder schön, in ihren Knall war sie wie verrannt.*

literarische Karriere konstruieren, von der Klostererziehung über die Erfahrungen mit Weicker, Feuchtwanger, Brecht und Draws bis hin zu den jungen Dichtern der Gegenwart, die in ihrer Spur gehen. Die ›bürgerliche‹ Seite – Haindl, Heirat und Geschäftsleben – klammert sie dabei aus.

Fast manisch beschäftigt sie sich außerdem mit der Überarbeitung ihrer alten Texte für den Sammelband von Erzählungen, der 1969 bei Suhrkamp erscheint. Therese Giehse, die Freundin, findet diese Überarbeitungssucht schrecklich. Marieluises Angst, ihre Texte seien »altmodisch«, teilt sie nicht, denn es »kann nie altmodisch sein, was wirklich gut ist.«[4]

Erst gegen Ende ihres Lebens gelingt es Marieluise Fleißer, die Qualität ihrer Arbeiten für sich selbst anzuerkennen: »Die guten unter meinen Geschichten halte ich für Meisterwerke … Sie sind weit besser als z.B. die Geschichten Brechts, und er gab es gelegentlich zu.«[5]

Marieluise Fleißer, 1950

Die Dramatikerin Marieluise Fleißer erfährt größere öffentliche Resonanz als die Erzählerin. 1966 wird an der Berliner Schaubühne am Halleschen Ufer ihr Stück *Der Starke Stamm* trotz seiner ungewöhnlichen Dialektsprache 104 mal gespielt. Es ist ein Modell für das neue Volksstück der Sechziger Jahre; gegen das von Brecht propagierte politische Theater nimmt es sich der Lebens- und Bewusstseinszustände der Menschen an, speziell ihrer Sprachlosigkeit angesichts des eigenen Unglücks.

Fleißers Stücke inspirieren die Theateravantgarde der späten Sechziger und frühen Siebziger Jahre. Franz Xaver Kroetz und Rainer Werner Fassbinder beziehen sich direkt auf das Vorbild Marieluise Fleißer, Martin Sperr thematisiert in seinen 1966 uraufgeführten *Jagdszenen aus Niederbayern* kongenial die Engstirnigkeit und Miefigkeit im Provinzleben.

Rainer Werner Fassbinder

»*Fleißer hat Menschen gezeigt, die ir-
ren, Fehler begehen, Kommilitonen demütigen, Frauen unterdrücken, Opfer
suchen und martern, einander zerflei-
schen und vor allem vorführen, wie sie
sich dabei selbst zerstören. Und das
zeigt Fleißer, ohne daß uns vor diesen
Gestalten graust, ohne daß wir sie
verachten, weil wir ja sehen, daß diese
kleinen gemeinen Alltagshenker selbst
Opfer sind in einem System dessen
Logik sie nicht begreifen.*«
     Gérard Thiériot

Marieluise Fleißer und Martin Sperr,
Bayerische Akademie der Schönen Künste, München

144

Marieluise selbst versucht 1967/68 die *Pioniere* umzuarbeiten, die Aussage politischer, eindeutiger zu machen.

In diese Arbeit platzen Rainer Werner Fassbinder und Peer Raben, die die *Pioniere* im Münchner Action-Theater aufführen wollen. Sie besorgen sich vom Desch Verlag ein Skript und beginnen mit den Proben, Franz Xaver Kroetz spielt den Leutnant. Die Fleißer ist entsetzt, als sie davon hört und will gerichtlich gegen die Gruppe vorgehen. Fassbinder kündigt trickreich das Stück mit neuem Titel an: *Zum Beispiel Ingolstadt.* Peer Raben fährt nach Ingolstadt und »entführt« die Fleißer zur Hauptprobe. In direkten persönlichen Kontakt mit »den jungen Leuten« gekommen, will sie ihnen nicht im Weg stehen und erlaubt die Aufführung.[6] Fassbinder kann später die *Pioniere* noch einmal in Bremen inszenieren, sein gleichnamiger Fernsehfilm mit Hanna Schygulla als Berta wird 1971 im ZDF ausgestrahlt. Diese Sendung führt noch einmal dazu, dass Marieluise Fleißer sich in Ingolstadt massiven Angriffen ausgesetzt sieht.

Die männliche Überarbeitungssucht konzentriert sich allerdings speziell auf die *Pioniere* – anzunehmen, dass Frauen, die wagen, über Militär und Soldaten zu schreiben, per se eine Grenzverletzung vollziehen. Dass die Autorin bei der Premiere der *Pioniere* höchst persönlich anwesend ist, ruft zusätzlich Irritationen hervor: Fritz Rumler spricht in seiner Kritik zur Inszenierung im Münchner Residenztheater 1970 von einer »Matrone mit Shimmy-Look«, »mit strenger Brille«.

1969 widmet ihr Rainer Werner Fassbinder seinen Film *Katzelmacher*. Die Filmdialoge sind abrupt, bruchstückhaft, roh. »Eine Liebe und so, das hat immer mit Geld zu tun«, oder: »Eine Ordnung muß wieder her, eine Rache muß sein, einen Verstand muß man haben, daran liegt's.« Fassbinder geht soweit zu sagen, dass er nicht angefangen hätte zu schreiben, wenn er nicht die *Pioniere* gesehen hätte.[7] Er sieht umgekehrt aber auch, dass ohne Sperr und ihn der Fleißer-Boom nicht möglich gewesen wäre.

*»Es ist ganz offenbar das Schicksal dieser dichtenden Dame aus Ingolstadt, von Männern bearbeitet zu werden. Ihr erster Veränderer war kein Geringerer als Bert Brecht, ihr jüngster Rainer Werner Fassbinder, beide kurioserweise aus Augsburg stammend, somit beide dem Ort der Handlung nachbarlich verbunden.«*

Erich Emigholz, 28.1.1971

**»Ich finde es schön, daß durch die Jungen plötzlich noch ein Sinn ins Leben kommt.«**

Fleißer in einem Interview, 22.11.1971

Marieluise Fleißer, ca. 1971

Franz Xaver Kroetz, der liebste Sohn der Fleißer, ist seinerseits beeindruckt von dem Innovativen der Fleißerschen Sprache. Er regt an, dass Suhrkamp eine Gesamtausgabe ihrer Werke herausbringt. 1972 wird Fleißer die Arbeit daran beendet haben – aufgenommen wird nur, was in ihren Augen Bestand hat.

Franz Xaver Kroetz

Konnte sich Marieluise Fleißer mit der Neuentdeckung der *Pioniere* nur schwer anfreunden, ist sie ausgesprochen erfreut über die Wiederaufführung von *Fegefeuer*. Nach einer Inszenierung an den Wuppertaler Bühnen 1971, führt Peter Stein das Stück 1972 an der Schaubühne am Halleschen Ufer auf, mit Angela Winkler als Olga. In Zürich inszeniert es Jürgen Flimm, in Frankfurt Hans Neuenfels.

Neben den Überarbeitungen ihrer Texte aus den Zwanziger und Dreißiger Jahren und den neuen autobiografisch inspirierten Erzählungen bilden Männerporträts das dritte Element der Fleißerschen literarischen Arbeit seit den Sechziger Jahren. Anknüpfend an ihre frühen Skizzen über Buster Keaton (1930) und Heinrich von Kleist (1926), wählt sie Männer, die sich im Dschungel der Welt zurechtfinden, ihr Schicksal herausfordern als »hellspürendes Geschöpf der modernen Wildnis«[8], oder die ausprobieren, »wieviel ein Mensch eigentlich aushalten kann«.[9] In Fragmenten skizziert sie den Bergsteiger Hermann Buhl, einen Mann, der sich »durch einen unbändigen Willen«[10] hinaufschraubt, den Aufstieg riskiert und sein Leben verliert; *Vinzent* (van Gogh) wird ihr zum Modell des eigenen Künstlerdaseins, sie zeigt ihn in einer Situation, in der er mit seinem sterbenden Vater um seine Identität als Maler ringt, der die Wahl eines antibürgerlichen Leben nur rechtfertigen kann, wenn das Werk groß genug ist.[11] Sie schreibt über den Außenseiter König Ludwig II., den Hofzeremoniell und der Zwang strenger Erziehung auf Fluchtwege drängen, der um die »private Hölle« zu ertragen, »in seiner Blauen Grotte sein persönliches Kino« abzieht.

*»Das wird die Haltung dem Leben gegenüber, Ludwig weicht auf lauter Fluchtwege aus.«*

*Marieluise Fleißer: Findelkind und Rebell, über Jean Genet, 1969*

Jean Genet

*Beim Lesen mußte ich mit ihm kämpfen, und wie der gefallene Engel ließ er mich nicht los und wie der gefallene Engel raubte er mir den Atem. Jean Genet ist eine einzige Herausforderung, und einer der abgründigsten Menschen, ein tiefer Denker ... Er hat den Sprung gemacht, der ihn von den Sterblichen trennt, und führt uns ins Unbekannte, manchmal ins Absurde ...*

*In seinen Erbanlagen, vielleicht von seinem Vater, hat er was mitbekommen, das ihn verhängnisvoll über die Norm hinaushebt, es arbeitet in ihm wie Spuren von Gift. Auch diese Feengabe sondert ihn ab, gibt ihm sein Stigma ...*

*Schon das Kind ›machte eine Bewegung, die die Grenzen des Zimmers sprengte und sich bis zu den Sternen fortsetzte, zwischen die Bären und noch weit darüber hinaus. Dieser letzte Riß spaltete seine Seele endgültig.‹ Jean Genet gibt zu, daß er ein Gespaltener ist ...*

*Genet ist bis zum Äußersten gegangen, bevor er das wurde, was die Gesellschaft ihm vorwerfen kann ... Von außen wird man ihn nie begreifen. Man kann seinen Standpunkt nur nachvollziehn unter dem vollen Gewicht, das auf ihn drückt ...*

*Genet sagt ja zur eigenen Verdammnis, Genet schließt keinen Kompromiß mehr. In Wahrheit unangreifbar steht er an einem neuen Ort.*

Diese Porträts sind fragmentarisch geblieben, geben aber Aufschluss über die Wünsche und Ängste der Autorin.

In ihrem letzten großen Text kommt es zu einer neuen Qualität von Vereinigung. Den Essay über Jean Genet, *Findelkind und Rebell* (1969),[12] schreibt sie quasi mit Genet gemeinsam – der Text besteht zu einem Viertel aus Originalzitaten. Eine Aufführung seines Stücks *Die Wände* hatte ihr Interesse an seiner Biografie geweckt.

Neben die Sonne Brecht und den König Ludwig kommt jetzt der homosexuelle Dieb, der schreibende Verbrecher. Genet ist einer, der durch die Verhältnisse zum Außenseiter wird, der aus Internat, Psychiatrie, Strafkolonie und Armee immer wieder flieht, immer wieder eingesperrt wird und – im Gefängnis – einzigartig zu schreiben beginnt, in einer Sprache, die »Abgründe aufreißt.«

Banalität lehnt er ab, ein Bürger wird er nicht. Das Faszinierende an diesem »gefallenen Engel«: sein verzweifeltes Ausweichen aus der Verletzlichkeit in die Härte, das Ineinander von Liebe und Grausamkeit.

Genet wird zum Vorbild, seine existenzphilosophische Weltsicht lässt Fleißer nicht mehr los, in seiner Haltung spiegelt sie sich. Noch Ende 1973, kurz vor ihrem Tod, beruft sie sich auf ihn, um die eigene Situation darzustellen.

Das Schreiben der Männerporträts, das Erfinden »papierener« Männer, tritt an die Stelle des lebendigen Umgangs, der Auseinandersetzung mit dem realen – gefährlich vitalen – Gegenüber. Schon bei *Avantgarde* war es ihr darum gegangen, sich den toten Brecht in ihr Leben zurück zu rufen, und die Unfähigkeit, sich verbal auszudrücken, zu kompensieren. Gefühle in Worte zu fassen, fällt ihr schwer. Und tatsächlich scheinen sie die Menschen, die sie sich schreibend schafft, tiefer zu berühren als die, die um sie herum und mit ihr leben.

> *»Alle Bilder der Sprache bergen und sie gebrauchen, denn sie sind in der Wüste, wo wir sie suchen müssen.«*
> Jean Genet

> *»Seine folgerichtige Entwicklung ist eine Verstrickung, wie sie die Gesellschaft nicht hinnehmen kann. Aber die Verstrickung hat Charakter. Sie hat mehr Charakter als die Lebenshaltung von vielen, die ungeschoren ihrem Egoismus nachgehn und vor denen sich die Gesellschaft nicht schützt.«*

*»Daß sie (Giehse) nicht schreiben*
*kann, das stimmt, aber sie spricht Li-*
*teratur. Sie kann Sätze sprechen, wie*
*sie die Fleißer schreibt. Die Fleißer*
*schreibt Literatur, aber schön spre-*
*chen wie die Giehse, das kann sie*
*nicht. Die zwei zusammen sind etwas*
*ganz Wunderbares. Und wenn sie*
*dann über ihre Krankheiten reden,*
*dann möcht man nur dasitzen und ab-*
*schreiben, was sie sagen.«*

Martin Sperr

Eine distanzierte Form der Freundschaft pflegt sie mit Therese Giehse, beide verbindet das Bayerische und das Brecht'sche, aber auch die Zuneigung der ›Söhne‹.

Engere, in den Alltag eingreifende Beziehungen vermeidet Marieluise Fleißer. Als Mitglied der Bayerischen Akademie der Schönen Künste schätzt sie ihre Kollegen Günter Eich, Georg Britting, Wolfgang Koeppen, Christa Reinig. In Briefen tauscht sie sich mit Josef Breitbach aus, mit Hermann Kesten oder Ernst Josef Aufricht.

Freundschaften in Ingolstadt bleiben distanziert, aber zu ihrer Familie hält sie Kontakt, besonders zu ihrem Neffen Klaus Gültig, der später ihr Nachlaßverwalter wird. Der gehört zu den Jungen, zu denen sie sich hingezogen fühlt.

Für die »späten Söhne« gibt es unter den möglichen Töchtern keine Entsprechungen. Eine der wenigen Autorinnen, die die ironische Qualität der Fleißer erkannt und als Vorbild genutzt haben, ist Elfriede Jelinek. Auch sie analysiert tiefgrabend die Gewaltformen der Geschlechterverhältnisse, wagt sich, wie die Fleißer, an ›männliche‹ Themen: Sport, Militär und Sexualität. Nach der Aufführung von *Sportstück* wird Jelinek wegen des Übergriffs auf diese männliche heilige Kuh angegriffen, ihre Beschreibung von Sexualität in *Lust* und *Gier* fordert die Öffentlichkeit zu mörderischer Resonanz heraus.

Offen bleibt für Marieluise Fleißer das Projekt »Ehe in Ingolstadt«, wie *Der Tiefseefisch* in einer neuen Fassung heißen sollte, der Spagat zwischen Selbständigkeit und Liebe. An diesem Stück hat sie bis zuletzt gearbeitet. Das Manuskriptfragment hatte sie noch im Krankenhaus bei sich. Was sie ändern will, notiert sie: »Die private und die öffentliche Seite muß mehr ins Gleichgewicht kommen. ...hat mit Emanzipationsmöglichkeiten einer Frau zu tun (Nora!) Sie versucht Brücken zu schlagen: Mann, literarische Welt, nicht so stark, daß sie darüber gehen kann. Aufgabe der Emanzipation durchzementiert. Form der Ehe (Die

Marieluise Fleißer und Klaus Gültig

*»Ich sehe mich nicht unbedingt in einer weiblichen Tradition, sondern in der Tradition der ironischen Literatur, der satirischen Literatur, in der es kaum Frauen gibt, wenn ich eben von der Fleißer absehe. Fleißer hat noch am ehesten diese ironische Distanz zum Schrecken...«*

Elfriede Jelinek

*Marieluise Fleißer: Das dramatische Empfinden bei den Frauen, 1930*

Wenn eine Frau an das Stück denkt, das sie schreiben will, sieht sie einzelne Szenen vor sich, meisterhaft in ihrer in kurzen Sätzen herwachsenden Verdichtung, wirksam, weil Sachen darin gesagt werden, die allgemein angehn und so lebendig gesagt, daß sie einem bis unter die Haut gehen; aber die Vereinigung der Szene, auf die es allein noch ankäme, geht für sie lediglich im Unterbewußtsein vor sich durch den steigenden Druck der Atmosphäre. Hier ist der Punkt, wo sie einsetzen muß, wenn sie zulernen will, alles andere ist da. Wir haben die Sprache, wir haben Szenen, wir haben besonders Rollen, die Spezialbegabung der Frau, weil sie sehr nah und bis in die Einzelheiten genau sieht, gewissermaßen vollständig um den Menschen herumgeht, den Punkt findet mit einer Witterung für menschliche Eigenheiten, wie sie in dieser Feinheit dem Mann abgeht. Die nächste Leistung, die wir bringen müssen, ist – das Stück.

Elfriede Jelinek

Marieluise Fleißer in der Villa Massimo, Rom, 1966

152

größere Freiheit, wenn man sich selber fesselt, als wenn man von andren gefesselt wird).«[13]

Marieluise Fleißer stirbt am 2. Februar 1974.

Im Krankenhaus hinterlässt sie hingekritzelt auf einem Blatt, das zum *Tiefseefisch* gehört: »Vogel, friss oder stirb«[14], ein Zitat aus Avantgarde, dem dort der Satz vorausgeht: »Begegnung mit einem Genie war ergiebig, es war für sich allein schon ein Wert.«[15]

Marieluise Fleißer, Ende der 60er Jahre

# Anmerkungen

Wir danken allen Autoren, Fotografen, Verlagen und Nachlassverwaltern für die freundliche Genehmigung zum Abdruck. In einigen Fällen ist es trotz intensiver Nachforschungen nicht gelungen, die heutigen Rechteinhaber zu ermitteln. Wir bitten diese, sich mit dem Verlag in Verbindung zu setzen. Die in Klammern gesetzten Zahlen verweisen auf die entsprechenden Seitenzahlen.

### Einführung

1 Fleißer, GW III, S. 284
2 Fleißer, in: Rühle (Mat.), S. 125
3 siehe dazu in: Töteberg, Michael, Spiegelungen einer Bohemien-Existenz und Sportroman, in: Text und Kritik Nr. 64, München 1979, S. 54

(8)  Fleißer, in: Rühle (Mat.), S. 168f.
(9)  Fleißer, GW III, S. 18f.
(9)  H. Greuèl, in: Banholzer, a.a.O., S. 199
(10) Fleißer, Die List, Frankfurt 1995, S. 71f.
(10) Fleißer, GW III, S. 122
(12) ebenda, S. 76f.
(12) Fleißer, Die Ziege, in: Ein Pfund Orangen, Berlin 1929, S. 77
(13) siehe Rühle (Mat.), S. 429f.
(15) siehe Sauer, Jutta, a.a.O., S. 82
(15) siehe Spindler, Angelika, a.a.O., S. 24
(15) Jelinek, Elfriede, Die Liebhaberinnen, Reinbek 1986, S. 8
(16) Hürlimann, Thomas: in seiner Rede bei der Verleihung des MarieLuise Fleißer Preises in Ingolstadt, 1992, zitiert nach Brueckel, a.a.O., S. 11
(17) Muschg, Adolf, Literatur als Therapie, Frankfurt 1995, S. 140

### Kindheit

1 Pfister, Eva, in: Kraft, a.a.O., S. 20, 22
2 Pfister, Eva, a.a.O., S. 14
3 Fleißer, in: Rühle (Mat.) 412.
4 ebenda

(19) Fleißer, in: Rühle (Mat.),S. 411
(20) Fleißer, GW I, S. 450f.
(21) Fleißer, GW I, S. 452
(22) Fleißer, GW IV, S. 465f.
(22) Pfister, Eva, in: Kraft, a.a.O., S. 14
(23) Fleißer, GW III, S. 256
(24) Fleißer, GW IV, S. 496f.
(25) Fleißer, GW IV, S. 497
(26) Fleißer, GW III, S. 33, 41f.
(26) Fleißer, GW IV, S. 623f.
(27) Weicker, Alexander, a.a.O., S. 33
(28) MLF-Archiv III, 1964/13
(30) Fleißer, GW IV, S. 21ff.

Die jungen Mädchen

1 siehe dazu: Pfister, E., in: Kraft, a.a.O., S. 18
2 Fleißer, in: Rühle (Mat.), S. 413
3 Weicker, Alexander, a.a.O., S. 29
4 Interview mit F. Rumler, 1970, siehe Rühle (Mat.), S. 354
5 siehe dazu: Fleißer, in: Rühle (Mat.), S. 413
6 ebenda
7 siehe Kächele, Heinz, a.a.O., S. 10f.
8 Fleißer, in: Rühle (Mat.), S. 414
9 Beicken, Peter, a.a.O., S. 55
10 Interview mit H. Fröhlich, 1971,
   siehe Rühle (Mat.), S. 349

(33) Wysocki, Gisela, a.a.O., S. 13
(34) Fleißer, GW III, S. 19f.
(35) Brief an A. Hoefler, 1921, siehe Mannes, Gast,
   a.a.O., S. 20
(36) Fleißer, GW IV, S. 491f.
(37) siehe Töteberg, Michael, a.a.O., S. 54
(37) siehe Lutz, Günther, 1989, a.a.O., S. 38
(38) Fleißer, GW IV, S. 492
(39) Fleißer, GW II, S. 309
(39) Fleißer, in: Rühle (Mat.), S. 346
(40) Fleißer, GW III, S. 79ff.
(40) Fleißer, in: Rühle (Mat.), S. 215
(42) siehe Kesting, Marianne, a.a.O., S. 14
(42) Bertolt Brecht, Gesammelte Werke 8, Frankfurt
   1967, S. 4
(43) siehe Kächele, Heinz, a.a.O., S. 11
(44) Fleißer, GW I, S. 71ff.
(46) Fleißer, GW II, S. 310
(46) Fleißer, GW IV, S. 474
(47) Fleißer, GW II, S. 313
(48) Fleißer, GW III, S. 117
(48) H. Greuèl, in: Banholzer, Paula, a.a.O., S. 205

Patriarchalische Schutzmacht

1 Fuegi, John, a.a.O., S. 228
2 siehe Rühle (Mat.), S. 45
3 siehe Rühle (Mat.), S. 40f.
4 Fleißer, in: Rühle (Mat.), S. 416
5 Fleißer, in Rühle (Mat.), S. 416
6 siehe Tax, Sissi, a.a.O., S. 58
7 Benjamin, Walter, Ges. Schriften, Bd. IV, S. 1,
   Frankfurt 1980, S. 462
8 Mc Gowan, Moray, a.a.O., S. 53
9 Fleißer, in Rühle (Mat.), S. 417
10 vgl. Tax, Sissi, a.a.O., S. 97
11 Siehe Tax, Sissi, a.a.O., S. 95

(51) siehe Tax, Sissi, a.a.O., S. 69
(52) siehe Rühle (Mat.), S. 36ff.
(53) Fleißer, GW IV, S. 501
(54) Fleißer, GW I, S. 441f.
(54) Fleißer 1971 im Film: Das bemerkenswerte Leben
   der Marieluise Fleißer, von W. Rüdel
(55) Zuckmayer, Carl: Als wär's ein Stück von mir,
   Frankfurt 1969, S. 126f., zitiert nach: Glaser,
   Hermann, a.a.O., S. 126
(55) siehe MLF-Archiv III, 1927/6NN
(56) MLF-Archiv III, 1926, 3NN
(56) MLF-Archiv III, 1926, 7NN
(57) MLF-Archiv III, 1927/6NN
(58) Fleißer, GW IV, S. 403ff.
(59) siehe Rühle (Mat.), S. 52
(59) siehe Tax, Sissi, a.a.O., S. 159
(60) Fleißer, in: Ein Pfund Orangen, Berlin 1929, S. 79ff.
(63) Ingolstädter Tagblatt, 06.04.1929,
   siehe Rühle (Mat.), S. 98ff.
(63) Fleißer, in: Rühle (Mat.), S. 417
(64) Fleißer, GW IV, S. 410f.
(66) Benjamin, Walter, Ges. Schriften, Bd.III, S. 189f.
(68) siehe Tax, Sissi, a.a.O., S. 163
(68) siehe Tax, Sissi, a.a.O., S. 86f.

**Moderne Frau**

1 Fleißer, GW IV, S. 428

2 siehe Fleißer, GW II, S. 245 und GW IV, S. 145

3 siehe Sauer, Jutta (1991), a.a.O., S. 62

4 Deutsches Literaturarchiv Marbach, 83.935/1-4

5 MLF-Archiv III, 1933, 26 NN 2

6 MLF-Archiv III, 1931, 44 NN

7 MLF-Archiv III, 1931, 56 NN

8 vgl. MLF-Archiv III, 1931, 52 NN und 66 NN

9 G. Hetzelein hat 1987 seine Briefe an Fleißer dem Literaturarchiv Sulzbach-Rosenberg übergeben

10 Deutsches Literaturarchiv Marbach, 83.935/5

11 MLF-Archiv III, 1935, 14 NN und 15 NN

12 Deutsches Literaturarchiv Marbach, 83.939/8

13 Deutsches Literaturarchiv Marbach, 83.939/9

14 ebenda

15 siehe Tax, Sissi, a.a.O., S. 175

16 siehe dazu Draws-Tychsen, Hellmut (Hg.), Herbert Schlüter, a.a.O., S. 7ff.

(70) Fleißer, GW IV, S. 584f.

(72) Fleißer, in: Rühle (Mat.), S. 417

(76) Fleißer, GW I, S. 291ff.

(77) Draws-Tychsen, Hellmut, Ich schreibe in Lund eine Komödie, in: ders., Opernprobe, München o.J., S. 9

(78) Fleißer, GW IV, S. 427ff.

(80) Fleißer, GW IV, S. 113ff.

(80) siehe Mannes, Gast, a.a.O., S. 37

(81) siehe Rheinsberg, Anna, a.a.O., S. 117

(82) Fleißer, GW II, S. 37ff.

(82) siehe Rühle (Mat.), S. 145

(84) siehe Rühle (Mat.), S. 182f.

(85) MLF-Archiv, Neuer Nachlass, 1931, 16 NN

(86) MLF-Archiv, Neuer Nachlass

(88) MLF-Archiv, Neuer Nachlass

(90) siehe Heimbucher, Oswald, a.a.O., S. 2f.

(90) ebenda

(91) MLF-Archiv, Neuer Nachlass

(91) siehe Heimbucher, Oswald, a.a.O., S. 5

(92) MLF-Archiv, Neuer Nachlass

(92) MLF-Archiv, Abt. IX, 9

(93) MLF-Archiv III, 1935, 5 NN

(93) MLF-Archiv III, 1935, 14 NN und 15 NN

**Um-Stellung**

1 Fleißer, GW III, S. 218

2 Fleißer, GW III, S. 240

3 siehe Rühle (Mat.), S. 192

4 Fleißer, GW III, S. 148

5 Fleißer, GW III, S. 278

6 siehe MLF-Archiv III, 1965/49, auch GW III, S. 189 ff.

7 Fleißer, GW III, S. 295

8 MLF-Archiv III, 1957/21 NN 2, Brief an Georg Britting

(99) Fleißer, GW IV, S. 120

(99) Fleißer, Mehlreisende, S. 214

(100) MLF-Archiv, Neuer Nachlass

(100, 101) ebenda.

(101) Fleißer, GW III, S. 148/142

(101) MLF-Archiv neuer Nachlass

(102) Fleißer, Mehlreisende, S. 208f.

(103) MLF-Archiv III, 1929, 10 a/b

(103) MLF-Archiv, Neuer Nachlass

(104) MLF-Archiv III, 1929/ 9a

(104) Fleißer, Mehlreisende, S. 167, 193, 214

(105) Fleißer, GW IV, S. 303

(105) Fleißer, Mehlreisende, S. 212

(106) Fleißer, GW III, S. 86 ff.

(106) siehe Winkler, Uta, a.a.O., S. 136

(107) MLF-Archiv III, 1955, 1NN

(107) Fleißer, 1971 in dem Film von W. Rüdel

(108) Fleißer, GW III, S. 165ff.

(109) MLF-Archiv, Neuer Nachlass

(110) Fleißer, GW III, S. 272f.

(110) MLF-Archiv III, 1965, 49

(111) Fleißer, GW III, S. 215f.

(112) Fleißer, GW III, S. 224, 248f.

(113) Fleißer, GW IV, S. 378

(113) MLF-Archiv III, 1947, 59

(114) Fleißer, GW IV, S. 376f.

(114) MLF-Archiv III, 1949/19

(115) siehe Tax, Sissi, a.a.O., S. 192

(116) MLF-Archiv III, 1955/6

(116) siehe Tax, Sissi, a.a.O., S. 207

(116) siehe Rühle (Mat.), S. 350

(117) MLF-Archiv III, 1955/ 1NN und 1957/99 NN 1

(118) siehe Lutz, Günther (1989), a.a.O., S. 174

(119) siehe Rühle (Mat.), S. 425

(119) MLF-Archiv III, 1967/17

Im eigenen Netz

1  Kesten, Hermann, a.a.O., S. 20
2  MLF-Archiv III, 1964/24, Brief an Dengler
3  Fleißer, GW IV, S. 577, Brief an E. Kuby, 30.01.1943
4  Fleißer, GW IV, S. 575
5  Fleißer, GW IV, S. 502
6  siehe Pfister, Eva (1981), a.a.O., S. 15
7  Fleißer, GW I, S. 434
8  siehe Göttel, Sabine, a.a.O., S. 236
9  Fleißer, GW IV, S. 602ff.
10 siehe Tax, Sissi, a.a.O., S. 196
11 siehe Tax, Sissi, a.a.O., S. 205

(120) Geheime Akten der Gestapo – siehe auch Eiden,
        Ingrid, a.a.O., S. 117f.
(121) Fleißer, GW IV, S. 170
(121) Fleißer, GW III, S. 127
(122) Fleißer, GW IV, S. 151ff.
(123) siehe Tax, Sissi, a.a.O., S. 273
(126) siehe Kraft, Friedrich, a.a.O., S. 66
(126) siehe Göttel, Sabine, a.a.O., S. 238
(127) siehe Rühle (Mat.), S. 421
(128) Fleißer, GW I, S. 453, 455f.
(128) ebenda, S. 265
(129) Fleißer, GW I, S. 452
(130) MLF-Archiv III, 1947/36
(130) MLF-Archiv III, 1965/49
(131) siehe Lutz, G. (1989), S. 168
(132) Fleißer, GW III, S. 249
(132) ebenda
(132) Fleißer, GW III, S. 267f.
(133) MLF-Archiv III, 1948/30a
(133) siehe Tax, Sissi, a.a.O., S. 276
(134) Fleißer, Ein Pfund Orangen, a.a.O., S. 27f.
(136) siehe Sperr, Monika , a.a.O., S. 96

Pionierin rediviva

1  1954 hatte Hanser starkes Interesse *Das Pferd und die
   Jungfer* in Akzente zu drucken; die Erzählung war 1952
   aber schon in der Neuen Literarischen Welt erschienen,
   ein Nachdruck unterblieb.
2  Fleißer, GW III, S. 314
3  MLF-Archiv III, 1964/1
4  siehe Sperr, Monika, a.a.O., S. 143
5  MLF-Archiv III, 1973/251
6  siehe Rühle (Mat.), S. 407
7  siehe ebenda, S. 404
8  Fleißer, GW II, S. 323
9  Fleißer, GW IV, S. 404f.
10 Fleißer, ebenda, S. 389
11 Fleißer, ebenda, S. 392ff.
12 Fleißer, erste Veröffentlichung in: Akzente, Oktober 1971
13 Horst Laube, Gesprächsnotizen zur Bearbeitung des
   Tiefseefischs Spectaculum 21, S. 274
14 ebenda, S. 273
15 Fleißer, GW III, S. 119

(139) siehe Tax, Sissi, a.a.O., S. 269
(140) Stuttgarter Zeitung, 16.11.1963
(141) siehe Rühle (Mat.), S. 326
(141) MLF-Archiv III, 1963/38
(141) siehe Tax, Sissi, a.a.O., S. 231
(142) Fleißer, GW III, S. 117, 135f.
(144) Thiériot, Gérard, a.a.O., S. 8
(145) siehe Rühle (Mat.), S. 259
(146) siehe Rühle (Mat.), S. 361
(147) Fleißer, GW IV, S. 504
(148) Fleißer, GW II, S. 324f., 330
(149) Genet, Jean, Ein verliebter Gefangener,
        Köln 1988, S. 7
(149) Fleißer, GW II, S. 336
(150) siehe Sperr, Monika, a.a.O., S. 159
(151) siehe Heidemann-Nebelin, Klaudia, a.a.O., S. 198
(152) Fleißer, GW IV, S. 409
(152) siehe Brueckel, Ina, a.a.O., S. 364

# Lebensdaten

| | |
|---|---|
| 1901: | geb. am 23. November in Ingolstadt als zweite Tochter von Anna Fleißer, geb. Schmidt, und Heinrich Fleißer, Schmied und Eisenwarenhändler |
| 1907: | Einschulung |
| 1911: | Höhere Mädchenschule der Gnadenthalschwestern |
| 1914: | Wechsel ans Realgymnasium der Englischen Fräulein in Regensburg, Unterbringung im daran angeschlossenen Internat |
| 1918: | Tod der Mutter |
| 1920: | Abitur, Beginn des Studiums der Germanistik und Theaterwissenschaften an der Universität München; Liebesbeziehung zu Alexander Weicker alias Jappes |
| 1922: | Erste Begegnung mit Lion Feuchtwanger. Jappes setzt sich nach Paris ab. |
| 1923: | Erste Veröffentlichung: *Meine Zwillingsschwester Olga* |
| 1925: | Marieluise veröffentlicht Erzählungen im Berliner Börsen-Courier |
| 1926: | *Fegefeuer in Ingolstadt* wird im April in Berlin aufgeführt. Marieluise erhält einen Rentenvertrag von Ullstein. Im Sommer trifft sie sich mit Brecht des öfteren in Augsburg. Erster Plan für *Pioniere* |
| 1927: | Marieluise zieht nach Berlin. Begegnung mit Hannes Küpper. Im Sommer kurzer Aufenthalt in Stolberg, dann Rückkehr nach München / Ingolstadt |
| 1928: | Aufführung der *Pioniere* im März in Dresden. Im September Urlaub mit Bepp Haindl in Österreich, dann Verlobung |
| 1929: | Aufführung der *Pioniere* Ende April im Berliner Theater am Schiffbauerdamm. Skandal. Brecht heiratet Helene Weigel. Der Novellenband *Ein Pfund Orangen* erscheint. Marieluise fährt mit Draws nach Schweden, trennt sich von Haindl, verlobt sich mit Draws. Schreibt am *Tiefseefisch*. |
| 1930: | Reise mit Draws nach Frankreich, Andorra und Spanien |
| 1931: | Im Herbst erscheint ihr Roman *Mehlreisende Frieda Geier*. |
| 1932: | Psychisch erschüttert von der Beziehung zu Draws kehrt sie im Spätherbst völlig mittellos nach Ingolstadt zurück; *Andorranische Abenteuer* erscheinen. |
| 1934: | Bekanntschaft mit Georg Hetzelein |
| 1935: | Im September Heirat mit Bepp Haindl; die Arbeit als Geschäftsfrau und Hausfrau beginnt. |
| 1937: | Beginn der Arbeit an *Karl Stuart*. |
| 1938: | Im August Nervenzusammenbruch, dreimonatiger Aufenthalt in einer Nervenklinik. |
| 1943: | Januar - November Kriegseinsatz in einem Rüstungsbetrieb. |
| 1944/45: | Sie schreibt *Der Starke Stamm*. |
| 1945: | Kurzfristige Verhaftung wegen angeblichem Schwarzhandel mit Zigaretten. |
| 1946: | Tod des Vaters. |
| 1947/9: | *Das Pferd und die Jungfer. Er hätte besser alles verschlafen.* |
| 1950: | Treffen mit Brecht in München. Uraufführung *Der Starke Stamm* an den Münchener Kammerspielen. |
| 1951: | Preis des Kuratoriums der Stiftung zur Förderung des Schrifttums |
| 1952: | Erster Preis beim Erzählwettbewerb der Süddeutschen Zeitung für *Das Pferd und die Jungfer*. |
| 1953: | Literaturpreis der Bayerischen Akademie der Schönen Künste. |
| 1956: | Ordentliches Mitglied der Bayerischen Akademie der Schönen Künste. Brecht stirbt. |
| 1958: | Am 10.1. stirbt Bepp Haindl; Marieluise Fleißer erleidet einen Herzinfarkt, drei Monate Krankenhaus. |
| 1961: | Kunstförderpreis der Stadt Ingolstadt. |

1963:   *Avantgarde* erscheint im Hanser-Verlag.

1965:   Kulturförderpreis des Bundesverbandes der Deutschen Industrie.

1966:   Zweimonatiger Aufenthalt als Ehrengast in der Villa Massimo, Rom, anschließend Reise nach Sizilien. *Der Starke Stamm* wird in der Berliner Schaubühne aufgeführt.

1968:   Fassbinder bearbeitet die *Pioniere.*

1971/2: *Fegefeuer in Ingolstadt* wird in Wuppertal, Berlin, Frankfurt und Zürich aufgeführt; Fassbinders *Pionier*-Film und sein *Katzelmacher* erscheinen;
W. Rüdel dreht den Film über *Das bemerkenswerte Leben der Marieluise Fleißer.*

1972:   Die Gesammelten Werke erscheinen bei Suhrkamp.

1974:   Marieluise Fleißer stirbt am 02. 02. 1974.

# Literatur

Primärtexte

Marieluise Fleißer
   Band 1 - 4, Frankfurt 1994
   Die List. Frühe Erzählungen, Frankfurt 1995
   Mehlreisende Frieda Geier, Berlin 1931
   Ein Pfund Orangen, Berlin 1929
   Der Tiefseefisch in: Spectaculum 21, Frankfurt 1974
Rühle, Günther (hg.): Materialien zum Leben und Schreiben der Marieluise Fleißer, Frankfurt 1973


Sekundärliteratur

Banholzer, Paula: So viel wie eine Liebe. Der unbekannte Brecht (hg. Poldner, Axel/Eser, Willibald), München 1981

Bauer, Helmut/Gültig, Klaus: Marieluise Fleißer – eine literarische Topographie, Donau Courier Ingolstadt 1998

Beicken, Peter: Weiblicher Pionier – Marieluise Fleißer, in: die horen, 132, 1983

Bohn, Volker: Deutsche Literatur seit 1945, Mainz 1996

Brüns, Elke: Außenstehend, ungelenk und kopfüber weiblich, Metzler 1998

Brueckel, Ina: Ich ahnte den Sprengstoff nicht, Leben und Schreiben der Marieluise Fleißer, Freiburg 1996

Cocalis, Susan: Weib ohne Wirklichkeit, in: von der Lühe, Irmela, Entwürfe von Frauen in der Literatur des 20. Jahrh., Argument
      Sonderband AS 92, Berlin 1982

Draws-Tychsen, Hellmut (hg.) Herbert Schlüter, Signor Anselmo: Drei Erzählungen, Diessen, München o.J.

Eiden, Ingrid: Marieluise Fleißer: Ihr Leben und Werk 1918 – 1948, in: Ingolstadt im Nationalsozialismus, Ingolstadt 1995

Führich, Angelika: Aufbrüche des Weiblichen im Drama der Weimarer Republik, (Brecht-Fleißer-Horváth-Gmeyner), Heidelberg
      1992

Fuegi, John: Brecht und Co., Hamburg 1997

Glaser, Hermann: Literatur des 20.Jahrhunderts in Motiven, Bd. II, 1918-1933, München 1978

Göttel, Sabine: Natürlich sind es Bruchstücke, Zum Verhältnis von Biographie und literarischer Produktion bei Marieluise Flei-
      ßer, St. Ingbert 1997

Jansen, Peter W.: Rainer Werner Fassbinder, Frankfurt 1992

Heidemann-Nebelin, Klaudia: Rotkäppchen erlegt den Wolf, Holos Reihe Feministische Wissenschaft, 1994

Heimbucher, Oswald: Schlagschatten Kleist, Marieluise Fleißers Beziehung zu Georg Hetzelein, in: Literatur in Bayern, Heft 45,
      September 1996

Henke, Silvia: Fehl am Platz(u.a. Marieluise Fleißer), Würzburg 1997

Kächele, Heinz: Bertolt Brecht, Leipzig 1984

Kässens, Wend: Töteberg, Michael (hg.), Marieluise Fleißer – Der Tiefseefisch, Frankfurt 1980

Kebir, S.: Die weibliche Brecht-Kritik - in: dies. Ein akzeptabler Mann, Brecht und die Frauen, Köln 1989

Kesten, Hermann: Deutsche Literatur im Exil, 1964

Kesting, Marianne: Brecht, rororo monographien, Hamburg 1959

Kraft, Friedrich (hg.): Marieluise Fleißer, Anmerkungen, Texte, Dokumente (mit Beiträgen von Rühle,G./Pfister,E.), Ingolstadt 1981

Kutzbach, Karl August: Autorenlexikon der Gegenwart, Bonn 1950

Lutz, Günther: Marieluise Fleisser - Verdichtetes Leben, Dachau 1989

Lutz, Günther: Die Stellung Marieluise Fleißers in der bayerischen Literatur des 20.Jahrhunderts, Bern, Frankfurt 1979

Mannes, Gast: Marieluise Fleißer & Alexander Weicker, Echternach (Luxemburg) 1999

Mc Gowan, Moray : Marieluise Fleißer, München 1987

Müller, Maria E./Vedder, Ulrike (hg.): Reflexive Naivität, Berlin 2000

Pfister , Eva: Unter dem fremden Gesetz. Zu Produktionsbedingungen, Werk und Rezeption der Dramatikerin Marieluise Fleisser, Dissertation Wien 1981

Pfister, Eva: In die Enge geht alles. Marieluise Fleißers Gang in die innere Emigration, Berlin 1984

Rheinsberg, Anna: Bubikopf - Aufbruch in den Zwanzigern, Texte von Frauen, Darmstadt 1988

Sauer, Jutta: »Ist Auflehnung Sünde, Fragezeichen« – Diskurs weiblicher Dissidenz: Marieluise Fleißer, Magisterarbeit Osnabrück 1989

dies.: »Etwas zwischen Männern und Frauen« Die Sehnsucht der Marieluise Fleißer, Köln 1991

Sperr, Martin: Jagdszenen aus Niederbayern, in: ders., Bayerische Trilogie, Frankfurt 1972

Sperr, Monika: Therese Giehse – »Ich hab nichts zum Sagen«, Reinbek 1976

Spindler, Angelika: Marieluise Fleißer. Eine Schriftstellerin zwischen Selbstverwirklichung und Selbstaufgabe, Dissertation Wien 1980

Stephan, Inge: Zwischen Provinz und Metroploe – Zur Avantgarde – Kritik von Marieluise Fleißer, in: Stephan, I./ Weigel, S. Weiblichkeit und Avantgarde, Argument Sonderband AS 114, Hamburg 1987

Stritzke, Barbara: Marieluise Fleißer *Pioniere in Ingolstadt* Studien zum Theater, Film und Fernsehen, Band 2, hg. Renate Möhrmann, Frankfurt Bern 1982

Tax, Sissi: Marieluise Fleißer schreiben, überleben., Basel, Frankfurt 1984

Text und Kritik, Heft 64: Marieluise Fleißer, München 1979

Thema – Stil – Gestalt, 1917 - 1932: 15 Jahre Literatur und Kunst im Spiegel eines Verlages, Katalog zur Ausstellung anläßlich des 75 jährigen Bestehens des Gustav Kiepenheuer Verlages, Leipzig/Weimar 1984

Thiériot,Gérard: Marieluise Fleißer - eine deutsche Passion, in. Schriftenreihe der Marieluise Fleißer Gesellschaft, Heft 1, Ingolstadt 1997

Weicker, Alexander: Fetzen, 1921, neu herausgegeben von Gast Mannes Mersch 1998

Winkler,Uta:»Aber die Verstrickung hat Charakter« Zur Konstitution weiblicher Autorschaft bei Marieluise Fleißer – Magisterarbeit, Berlin 1989

Wysocki, Gisela von: Die Magie der Großstadt: Marieluise Fleißer, in: Wysocki, Die Fröste der Freiheit, Frankfurt 1980

# Bildnachweis

Stadtarchiv Ingolstadt
6, 8, 10, 11, 12, 13, 14, 16, 18, 19 (2), 20, 21, 22 (2), 24, 27, 28, 29 (2), 30, 32, 34, 35, 36 (2), 38, 39, 43, 45, 49, 50, 54, 57, 60, 62, 63, 65, 67, 69, 71, 72, 73, 74, 77, 78, 80, 83, 84, 86, 87, 90 (2), 94, 96 (2), 98, 99, 100, 102, 104, 108, 110, 113, 114, 116, 118, 120 (2), 122, 124, 127, 128, 131, 136, 137, 138, 143, 146 (2), 150, 151, 152, 153

M. Friedenthal-Haase, Jena
115

I. Ohlmann, München
152

Ullstein-Bilderdienst
40, 51, 52, 57, 75, 130, 144, 145

H. Piper, München
144

H. Bauer, Ingolstadt
14, 102

Suhrkamp-Verlag
42, 48, 134

A. Heuer, Berlin
76

## Dank an

Klaus Gültig, der uns in vielen Gesprächen mit Rat und Tat zur Seite gestanden hat und uns – auch aus dem bislang noch nicht veröffentlichten Neuen Nachlass – Fotos und Dokumente zur Verfügung gestellt hat. Wichtig für uns war auch, dass wir seine Transkription der Briefe an und von Marieluise Fleißer nutzen durften.

Ingrid Eiden vom Marieluise Fleißer Archiv für ihre vielfältige Unterstützung. Ihre Vorarbeiten in Bezug auf die Quellen- und Materialsichtung hat uns hervorragend geholfen.

Dr. Beatrix Schönewald, Leiterin des Stadtmuseums Ingolstadt, für die Zusammenarbeit und die grosszügige Genehmigung zur Veröffentlichung von Fotos und Dokumenten.

Die Deutsche Bibliothek - CIP-Einheitsaufnahme

Ein Titeldatensatz für diese Publikation ist bei Der Deutschen Bibliothek erhältlich.

1. Auflage 2001

© edition ebersbach

Droysenstraße 8, 10629 Berlin

www.edition-ebersbach.de

Umschlaggestaltung: Antje und Sybille Hassinger

Satz: Verlag Die Werkstatt, Göttingen

Druck und Bindung: Idea Press, Gdańsk

Alle Rechte vorbehalten

ISBN 3-934703-25-9